WERT. MACHT. ERFOLG.

Führung durch Werte im Deutschen Bäckerhandwerk

Horst Lempart

Design & Layout:
AVIMA GmbH
Mülheim-Kärlich
www.avima-agentur.com

Vorwort

Werte und Macht. Passt das überhaupt zusammen? Macht wird in Verbindung gebracht mit Beherrschen, Dominieren oder Unterdrücken. Wer über Macht spricht, der denkt auch an die Ausbeutung von Macht. Was also ist daran wertig?

Macht an sich ist weder gut noch schlecht. Ja, auch Macht ist ein Wert. Es kommt darauf an, was man aus Macht macht. Richtig eingesetzt kann sie extrem wertvoll sein. Werte sind mächtig. Offenbar gab es in der Geschichte jemanden, der aufgrund seiner unteilbaren Werte allmächtig war. Wir sollten weniger darüber nachdenken, wie wir Macht definieren und mehr darüber sprechen, was wir mit Macht anstellen.

Werte werden Sie wahrscheinlich nicht zur Allmacht führen. Aber ein gutes Stück Wirksamkeit und Handlungsfähigkeit durch sie zu gewinnen scheint mir sehr attraktiv. Werte und Macht richtig eingesetzt versprechen Erfolg. Werte laden Marken emotional auf und schaffen eine Sog-Wirkung. Ein starker Selbst-Wert führt zu innerer Macht. Innere Macht befreit uns aus den äußeren Machtspielen, wie wir sie aus dem eigenen Unternehmen oder den Märkten kennen. „Erfolg folgt, wenn man sich selbst folgt" lautet ein Sprichwort. Werte sind die Beschilderung auf unserer inneren Landkarte. Sie helfen uns dabei herauszufinden, ob die Richtung noch stimmt.

Anhand von Praxisbeispielen werde ich Ihnen zeigen, wie Sie mein Coaching bei der Entwicklung Ihrer eigenen Werte unterstützt. Die Namen der begleiteten Unternehmen habe ich nicht genannt, weil die Arbeit an Werten auch sehr private Lebensbereiche berührt. Außerdem bin ich „Entwicklungshelfer", die eigentliche Arbeit machen die Unternehmer selbst. Insofern trete ich nach außen nicht in Erscheinung.

Mit meinen Beispielen gebe ich Ihnen Einblick in bewährte Rezepte. Aber wie es bei Rezepten so ist: Allein die Zutatenliste macht noch keinen guten Kuchen. Deswegen erfahren meine Kunden in den Coaching-Prozessen konkrete, praktische Umsetzungs-Ideen. Und dann sind Sie an der Reihe. Den Kuchen backen müssen Sie selber. Sie müssen es TUN!

In vielen Betrieben bleibt es leider bei der guten Absicht. Das ist so, als ob Sie alle Zutaten nebeneinander legen würden und über Nacht darauf hoffen, dass am nächsten Morgen ein guter Kuchen daraus entstanden ist. Wenn dann die Probleme zu groß werden, muss es plötzlich ganz schnell gehen. Nun wird der Kuchen bei doppelter Temperatur, aber in der Hälfte der Zeit gebacken. Das klingt zwar logisch, aber der Kuchen verbrennt trotzdem.

Bitte denken Sie daran: Das größte Potential, sich heute vom Wettbewerb zu differenzieren, liegt in Ihrer Einstellung und der Haltung Ihrer Mitarbeiter. Viel Kraft wird in die Optimierung der Prozesse und die Verbesserung der Produkte gelegt, obwohl die Reserven dort nur noch marginal sind. Ihre gelebten Werte machen den Unterschied. **Wert macht Erfolg.**

Ich wünsche Ihnen anregende und wertvolle Gedanken beim Lesen.

Horst Lempart

Inhalt

Legende:

 Hierzu finden Sie ein Arbeitsblatt im Anhang

 Praxisbeispiel

 Wichtig zu wissen

 Das sagen andere Quellen dazu

TEIL 1

ÜBER DEN WERT DER WERTE

1.1 Unser täglich Brot gib uns heute

Was Sie in diesem Kapitel entdecken werden:

- » **Der Wert des Backens hat eine jahrtausende alte Tradition**
- » **Lebensmittel symbolisieren Lebenswert**
- » **Werte geben Orientierung**
- » **Die sieben Erfolgsfaktoren großartiger Unternehmen**

Bäcker unser in der Stube,
hochgehalten werde Dein Name.
Dein Teig gehe.
Deinen Wert begreife man
wie im Himmel so auf Erden.

Unser täglich Brot gib uns heute.
Und verlier nicht die Geduld,
denn auch wir erdulden manchen Schuldigen.

Und folge nicht selbst der Versuchung,
sondern erspare uns weiteres Übel.

Denn Dein ist der Geist und die Kraft
und die Herrlichkeit.
So wünsch ich mir die Ewigkeit.

Das Brot als religiöses Symbol ist keine Marketing-Erfindung einer cleveren Agentur. „Lasst uns das Deutsche Bäckerhandwerk aufwerten, indem wir es vergöttern" wäre zwar ein schöner Arbeitsauftrag. Er würde aber der bodenständigen, geerdeten Backkultur nicht gerecht. **Backen ist Handwerk, kein Wunder. Backen ist wunderbar.** Trotzdem fällt die Wahl für das „tägliche Brot" im Vaterunser ja nicht vom Himmel, oder doch? Hätte es nicht auch heißen können „Unsere tägliche Wurst gib uns heute" oder „Unser tägliches Gemüse gib uns heute" (um wieder vegan zu werden)? Möglicherweise hat sich der Apostel Matthäus mit dem Brot etwas gedacht, als er das Gebet in die Mitte seiner Bergpredigt setzte.

Das Brot steht für alle Grundbedürfnisse des Menschen, ist also eine Metapher für die dahinter liegenden Werte. Dazu zählen neben der materiellen Versorgung ebenso ideelle Werte wie Zugehörigkeit, Vertrauen und Anerkennung. Auch die enge Verbindung zum Korn als Sinnbild für Wachstum und Entfaltung liegt im Brot. In der Eucharistiefeier wird Brot gereicht als Symbol für den Leib Christi. Insofern hat das Bäckerhandwerk schon seit über zweitausend Jahren einen unmittelbaren Bezug zu den Fundamenten unserer gesellschaftlichen Werte. Zeitgemäß würde man heute vielleicht sagen „Unser tägliches Sandwich to go gib uns heute" – Werte können sich ändern. Hinzu kommt: Unglaube bedeutet keinen Werteverlust. Die immer größere Zahl derer, die sich von der Religion abwenden und den Sinn des Lebens eher im Diesseits als im Jenseits suchen, folgt ebenfalls einem Wertekompass. **Für sie gilt eher eine Art Wertepluralismus**. Er wird nicht bestimmt durch eine religiöse Weltanschauung, sondern er ist wandelbar und orientiert sich eher an einer „praktischen Moral" .

Das Brot steht für alle Grundbedürfnisse des Menschen.

Noch etwas ist für den Bäcker „täglich Brot": Die Aufgabe der Personalführung. Manche Dinge bekommt er dabei täglich auf's Brot geschmiert. Und unter dem Strich geht es dabei immer wieder um unterschiedliche Werte und Bedürfnisse.

Wie kaum eine andere Branche beeinflussen die Betriebe des Deutschen Lebensmittelhandwerks die gesellschaftliche Diskussion um Werte und Traditionen. Ob Bäckereien oder Metzgereien, sie sind längst Sinnbild für eine sich entfremdende Ess-Kultur in Deutschland. Während tausende von Menschen auf die Straße gehen, um gegen kulturelle und religiöse Vielfalt zu demonstrieren, scheint die Masse des Deutschen Volkes den Ess-kulturellen Umbruch als Gott gegeben hinzunehmen. Hinter all den Aktivitäten und Inaktivitäten steht ein machtvolles Gefühlt: Angst. Die Angst vor dem Fremden, die Angst selbst nicht genug zu bekommen oder die Angst irgendwann all das zu verlieren, was einem lieb und vertraut ist. Es soll Menschen geben, die davor Angst haben zu erfahren, was sie an ungesunden Nahrungsmitteln täglich in sich hineinstopfen. „Ich will es besser gar nicht wissen, wo ich es doch sowieso nicht beeinflussen kann." **Angst blockiert das Erleben von Werten.**

Bei aller Veränderungsdynamik, den immer schnelleren Produktlebenszyklen, den enormen Anpassungsprozessen von Mensch und Natur **wirken Werte und Traditionen für viele Menschen daher wie ein Fels in der Brandung. Wer nichts mehr hat, der erschafft sich Werte,** die ihm niemand nehmen kann. Wir erfahren diese Überlebensstrategie auf tragische Weise bei religiösen Fanatikern. Werte sind extrem machtvoll. Sie schaffen Identität und Zugehörigkeit, zwei substantielle Selbst-Werte.

Einer der erfolgreichsten US-Unternehmensberater, Charles D. Ellis, fasst die Erfolgsgeheimnisse von Spitzendienstleistungsfirmen in sieben Punkte zusammen („What it takes: Seven secrets of success from the world's greatest professional firms"):

1. Mission	Die Servicechampions verfolgen eine Mission, die leistungsfähige Mitarbeiter anzieht, motiviert und bindet
2. Kultur	Die Werte des Unternehmens betonen Teamwork, Selbstdisziplin der Mitarbeiter, starken Einsatzwillen und Leistung
3. Rekrutierung	Die Champions suchen die besten, motiviertesten Mitarbeiter und sind bereit, dafür viel Geld und Energie zu investieren
4. Mitarbeiterentwicklung	Neue Mitarbeiter durchlaufen eine steile Lernkurve. Das Unternehmen fördert die persönliche und professionelle Entwicklung der Mitarbeiter
5. Kundenfokus	Kunden werden gebunden, indem ihre schwierigsten Probleme bearbeitet und ihre Erwartungen übertroffen werden
6. Innovation	Champions finden ständig neue Wege, wie die Kunden noch besser bedient werden können. Der Vorsprung gegenüber Wettbewerbern ist groß
7. Führung	Die Führung der Champions sorgt dafür, dass alle sechs Faktoren gleichermaßen zum überdurchschnittlichen Erfolg beitragen

Alle sieben Erfolgsfaktoren hängen unmittelbar mit den Werten der „Mitspieler" zusammen: Der Führung der Mitarbeiter und der Kunden. Werte durchdringen die gesamte Unternehmenswelt.

Ich möchte Sie einladen, die Kraft einer werteorientierten Führung für Ihr Unternehmen zu entdecken. **Als Bäcker haben Sie ideale Voraussetzungen, das immer größer werdende Werte-Vakuum in unserer Gesellschaft zu nutzen.** Verantwortliches, wertvolles Handeln ist längst kein Widerspruch mehr zu ökonomischem Erfolg. Im Gegenteil: **Wer langfristig erfolgreich sein will muss verantwortlich und werteorientiert handeln.**

Die deutsche Brotkultur steht kurz vor der Übernahme in das UNESCO-Kulturerbe-Verzeichnis. Mit rund 3.200 eingetragenen Brotspezialitäten im deutschen Brotregister (www.brotkultur.de) ist die deutsche Brotkultur einzigartig in ihrem Wert. Eine höhere öffentliche Wertschätzung ist kaum möglich.

Viele Bäckereien sind mittelständische Unternehmen, die teilweise noch familiengeführt werden. Sie verfügen damit über ausgezeichnete Bedingungen für eine an Werten orientierte Führung: Anpassungsfähigkeit, menschliche Nähe und eine Jahrtausende alte Tradition.

Behalten Sie dabei im Auge: **Der größte Feind jeder Veränderung ist das Tagesgeschäft.**

Die deutsche Brotkultur ist einzigartig in ihrem Wert.

1.2 Weil ich es mir wert bin

Was Sie in diesem Kapitel entdecken werden:

- » Durch Bewertungen geben Sie den Dingen einen Wert
- » Werte und Sinn hängen untrennbar miteinander zusammen
- » Aktionismus kann keine Werte ersetzen
- » Werte sind schwerer zu verändern als Verhalten
- » Werte wirken wie Denkfilter

„Ein Bäcker bat Gott einmal darum, Himmel und Hölle sehen zu dürfen. Gott erlaubte es ihm und gab ihm den Coach Horst als Begleiter mit auf den Weg. Horst führte den Bäcker zuerst in einen großen Raum, in dessen Mitte auf einem Feuer ein Topf mit einem köstlichen Gericht stand. Rundum saßen Menschen mit langen Löffeln und schöpften alle aus dem Topf.

Aber sie sahen blass, mager und elend aus. Es herrschte eine eisige Stille. Denn die Stiele ihrer Löffel waren so lang, dass sie das herrliche Essen nicht in den Mund bringen konnten. Als die beiden Besucher wieder draußen waren, fragte der Bäcker den Coach, welcher seltsamer Ort das gewesen sei. Es war die Hölle.

Daraufhin führte Horst den Bäcker in einen zweiten Raum, der genauso aussah wie der erste. In der Mitte brannte ein Feuer und kochte ein köstliches Essen. Die Menschen hatten auch lange Löffel in der Hand. Aber sie waren alle gut genährt, gesund und glücklich. Sie unterhielten sich angeregt. Sie versuchten nicht, sich selbst zu füttern, sondern benutzen die langen Löffel, um sich gegenseitig zu essen zu geben. Dieser Raum war der Himmel."

Die Geschichte beschreibt kurz und treffend die Alltagssituation in vielen Betrieben: Die Mitarbeiter (und Chefs sind ebenfalls Mitarbeiter) verhungern mit dem Brot in der Hand, weil sie an alten Gewohnheiten festhalten. Die Situation wird aber erst dadurch zur Hölle, weil sie sich selbst die Nächsten bleiben. Das köstliche Gericht wird zum letzten Gericht. Fehlende Kooperation und die Unfähigkeit, sich an geänderte Rahmenbedingungen anzupassen, sind der sichere Tod jeder Organisation. Äußeres Zeichen ist die Form der Kommunikation: In gut funktionierenden Betrieben läuft sie angeregt, der Wert des Löffels wird erkannt und weitergegeben, die Mitarbeiter sind gut genährt, gesund und glücklich. In den anderen Betrieben ist der lange Löffel völlig wertlos. Die Kommunikation ist eisig, die Mitarbeiter sehen blass, mager und elend aus.

Dinge haben keinen Wert, sondern wir geben ihnen einen. Es ist schwer, Menschen vom Wert eines Produktes zu überzeugen, wenn alle nur noch nach dem Preis fragen. **Den entscheidenden Beitrag am Wert einer Leistung bringen daher heute nicht mehr die Produkte, sondern die Mitarbeiter.** Sie geben Ihrem Angebot den Mehr-Wert. Dabei geht es nicht um „schneller, präziser, mehr" sondern um das Leben und Vermitteln von Identität stiftenden Werten.

Chefs müssen begreifen, dass **die Motivation der Mitarbeiter abhängig ist von der Sinnhaftigkeit einer Aufgabe und der Gemeinsamkeit der Werte.** Ansonsten werden Tätigkeiten als unsinnig und wertlos erlebt (und ich höre in vielen Unternehmen noch ganz andere, nicht weniger treffende Bezeichnungen).
Oft wird an kleinen Stellschrauben gedreht, um den Ertrag zu

erhöhen: Verbesserter Einkauf, Rationalisierungen, höhere Arbeitsdichte und natürlich sollen auch Schulungen ihren Beitrag leisten. Zeitmanagement, Verkaufstrainings und Teamentwicklungsmaßnahmen scheinen in Zeiten großer Orientierungslosigkeit vielversprechende Hilfen zu sein. Dahinter steckt meist der Versuch, die fehlenden Werte in einem Unternehmen durch Aktionismus zu ersetzen. Dabei sind es Werte, die Orientierung geben. Ein Bäcker, der sich für seine Produkte und seine Kunden Zeit nehmen möchte, der braucht seine Mitarbeiter nicht zum Zeitmanagement-Seminar zu schicken. Er sollte sich auch für den Mitarbeiter Zeit nehmen und herausfinden, wo Zeit für ihn eine hohe Bedeutung hat. Vielleicht zählt er sogar zu den besonders wertvollen Mitarbeitern. Immer wieder allerdings werden solche Führungsaufgaben an einen Trainer delegiert. Der Patient geht zum Arzt, der „störende" Mitarbeiter wird zum Seminar geschickt. Dass der Mitarbeiter ausdrückt, woran es im ganzen Unternehmen krankt, wird diskret übergangen oder einfach übersehen. Manche Trainer lassen sich tatsächlich instrumentalisieren, denn Bildung ist auch ein Geschäft. Und auch in meiner Branche steht das Geschäft manchmal vor dem Wert. Die Folge ist, dass die Wert-Losigkeit weiter stabilisiert wird. **Organisationen müssen aber gestört werden, damit sie sich verändern und verbessern können.** Eine Wertediskussion und die Entwicklung einer Unternehmenskultur kann nicht in einzelnen Schulungen erfolgen. **Etwa 80% aller Trainings und Seminare scheitern am Transfer in die Praxis** (Dr. Richard Gries, 2008).

Fatal: Fehlende Werte in einem Unternehmen durch Aktionismus ersetzen

Besonders davon betroffen sind Fortbildungen zu Themen wie Gesprächsführung, Kritikfähigkeit, Wahrnehmung, Zusammenarbeit, Verantwortung usw. Inhaltlich setzen diese Veranstaltungen meistens am Verhalten an. Wer aber Verhaltensmuster ändern will, muss zuerst die Sichtweisen verstehen. Verhalten ist immer auch abhängig von der Deutung einer Situation. Und **Interpretationen werden beeinflusst von unseren Werten.** Entwicklung setzt zwei Dinge voraus: Dass wir mit dem Neu-Lernen die alten Muster ver-lernen und das wir dem Neuen einen höheren Wert beimessen. **Wertlos heißt machtlos.**

In einem Konsumententest haben Forscher herausgefunden, dass Verbraucher eine bessere Selbstkontrolle ausüben können, je klarer sie sich ihrer Werte sind. Dazu wurde in einem Versuch von den Kunden verlangt, sich eine Liste mit ihren Werten zu erstellen und anschließend einzukaufen. Das Resultat: Die Einkaufsergebnisse waren sehr viel gezielter, die Entscheidungen weniger spontan (Quelle: Kathleen Vohs, University of Minnesota, Psychologie heute 02/2015). Auch neurowissenschaftlich lässt sich das nachweisen. Unsere Energiespeicher in Form von Glucose sind deutlich schneller geleert, je weniger wir mit unseren Werte in Einklang handeln – mit spürbaren Konsequenzen für nachfolgende Aufgaben. Unsere Motivation und Willensstärke hängt also wesentlich davon ab, wie zieldienlich unsere Werte sind.

Wenn aber Werte so handlungsleitend sind, warum wird dann so wenig an ihnen gearbeitet? Offenbar, weil auf den ersten Blick Verhaltensänderungen schneller und leichter zu haben sind.

Gebote und Verbote, Sanktionen und Gratifikationen, Einzel- und Gruppentrainings, alles setzt am Verhalten der Mitarbeiter an. Das Problem ist nur: **reine Verhaltensänderungen sind nicht von Dauer.** Wasser sucht sich seinen Weg, wenn es in feste Bahnen gepresst wird. Da reicht der kleinste Riss, um aus einem Rinnsal einen reißenden Fluss zu machen. Mitarbeiter suchen sich ebenfalls ihren Weg, um wieder in die alte Spur zu kommen. Menschen arbeiten nach einem sinnvollen ökonomischen Prinzip: Schone Deine Energie! Aus diesem Grund greifen wir auf alte, vertraute Verhaltensweisen zurück, die wir teilweise über Jahre verinnerlicht haben und die uns ohne große Anstrengung zur Verfügung stehen. „Schuster, bleib' bei Deinen Leisten" oder für Sie passender ausgedrückt „Bäcker, bleib bei Deinen Brötchen". Das Problem ist: Wer über Jahrzehnte ein Brötchen bleibt, wird irgendwann ungenießbar. Und um im Bild des Handwerks zu bleiben: Wer nur einen Hammer zur Verfügung hat, hält jedes Problem für einen Nagel. Hier ist ein Perspektivwechsel dringend notwendig.

Die Psychotherapie hat Verhalten für sich längst anders definiert. Es geht nicht mehr nur um das beobachtbare Verhalten, das sich in Taten oder Untaten ausdrückt. Wichtiger für eine dauerhafte Änderung des Verhaltens ist die Handlungsvorbereitung. Sie findet in unserem Kopf statt. Wie verhalten wir uns in unserer Denkstube? Wie, durch wen und mit was wird unsere Festplatte programmiert? Die meisten Bäcker beschäftigen sich mehr mit den Programmen Ihrer Backöfen als mit den Programmen in den Köpfen der Mitarbeiter; ganz zu schweigen von ihrem eigenen Kopf.

Werte wirken wie Denkfilter. Man kann sie vergleichen mit einem Sieb. Je größer der Wert, desto enger werden die Maschen.

Sie trennen Wichtiges von Unwichtigem, orientiert an unseren Wertmaßstäben. Werte sind das Ergebnis langer Entwicklungsprozesse. Mehr dazu erfahren sie im nächsten Kapitel.
Viele Bäcker sehen sich als Opfer eines größeren Systems, bestimmt durch Industrie, Discounter und geänderten Verbrauchergewohnheiten. Sie fühlen sich ausgeliefert, hilflos, ohnmächtig oder wertlos. Einige von ihnen haben ihren Betrieb bereits geopfert, andere sind schon seit Jahren als Opfer in der Backstube unterwegs. Ich möchte Sie zu Tätern machen. Täter sind tätig.
Werden Sie aktiv, bevor andere aktiv werden. Sie sind es sich wert.

Zur Identifikation Ihrer Werte finden Sie ein Arbeitsblatt im Anhang

1.3 Werte prägen lebenslänglich

Was Sie in diesem Kapitel erfahren:

» **Werte wirken lebenslänglich**
» **Die prägende Kraft von Erziehung und Sozialisierung**
» **Unternehmenswert: Mensch**

„Die Würde des Menschen ist unantastbar. Sie zu achten und zu schützen ist Verpflichtung aller staatlicher Gewalt." [Art. 1 Grundgesetz]

Der Wert eines Menschen ist undifferenzierbar. Es gibt nur wertvolles Leben oder es gibt kein Leben. Die Diskussion darüber wird immer wieder geführt und zieht sich durch alle Altersstufen: Vom ungeborenen Kind bis zum wertvollen Altern und Sterben in Würde. Dazwischen scheiden sich die Geister, welchen Beitrag ein Mensch für die Gemeinschaft leistet. Ist er Wohltäter oder asozial?

Werte bestimmen unser Leben vom ersten bis zum letzten Atemzug. Bei kleinen Kindern ist zum Beispiel Bindung von zentraler Bedeutung, und sie bleibt es ein Leben lang. Besonders ab dem dritten Lebensjahr bis zur Volljährigkeit sind wir empfänglich für Prägungen. Wann waren Sie als Kind etwas wert? Die Antwort darauf kann Aufschluss über Ihr heutiges Wertesystem geben. Waren Sie besonders viel wert, wenn Sie brav und angepasst waren? Oder bei guten Schulnoten? Oder wurden eher Ihre Lebendigkeit und Ihr eigener Kopf geschätzt? Ausbildung, Vorbilder und das soziale Umfeld beeinflussen neben der Familie die Persönlichkeit. **Menschen entwickeln aufgrund ihrer Bindungserfahrungen innere „Backformen" mit denen sie alt werden.** Diese „Backformen" (Sie können auch Arbeitsmodelle dazu sagen) bestimmen unser Denken, Fühlen und Handeln. Sie bestimmen unsere Motivation etwas zu tun oder nicht zu tun. Ob sich ein Kind wohl behütet fühlte oder sich ständig anpassen musste, um Konflikte zu vermeiden, hat maßgeblichen Einfluss auf die spätere Beziehungsgestaltung. Überall dort, wo langfristige Bindungen eingegangen werden, kommen die alten Erfahrungen und Verhaltensmuster wieder zum Tragen. Es ist spannend bei (Ehe-) Partnern diese Prägungen zu beobachten. Und da Sie teilweise mehr Zeit mit Ihren Kunden und Mitarbeitern verbringen als mit dem Partner, ist es absolut vorteilhaft, sich mit den alten Erfahrungs-Werten auseinanderzusetzen. Mit den eigenen und den fremden.

Die im Kinder- und Jugendalter verinnerlichten Erfahrungen sind sehr konstant und bestimmen zu einem großen Teil unsere Persönlichkeit. **Werte sind immer in einen konkreten Kontext eingebunden:** in persönliche Werte, familiäre Werte (das können auch Ersatzfamilien oder Freundeskreise sein), unternehmerische Werte und gesellschaftliche Werte. Der Wert von Werten muss daher immer mit seinen Auswirkungen auf die Umwelt gesehen werden. Bei der Arbeit an Ihren Werten ist es wichtig herauszufinden, welcher Ihrer Kontexte gerade angesprochen ist und ob es zwischen den unterschiedlichen Bereichen ggf. Wertkonflikte gibt. Werte sind Dauerbrenner. Mit Hilfe eines Coachings ist es möglich, Werte zu identifizieren und sie zu entwickeln.

Im Alter nähern wir uns unseren Werten anders. Wir fragen eher: Was ist mir wichtig? Worauf kann ich verzichten? Anstatt: Was brauche ich noch? Was machen die Anderen? Beim Freilegen Ihrer Werte ist es extrem vorteilhaft, diesen Perspektivwechsel zu berücksichtigen. „Weniger ist mehr" gilt nicht nur für Ihren Firmenauftritt. **Das Optimum ist erreicht, wenn Sie nichts mehr weglassen können.**

Werte wirken wie Wahrnehmungsfilter

Werte wirken wie Wahrnehmungsfilter. Manche Werte sind uns so vertraut, dass wir sie als Einflussfaktor gar nicht mehr wahrnehmen. Ein Chef, der sehr visuell geprägt ist, wird großen Wert darauf legen, dass Produkte wie Mitarbeiter gut aussehen. Eine Filialleiterin, die sehr auditiv arbeitet, legt größten Wert auf einen guten Umgangston. Sie sehen hieran, dass auch unsere Wahrnehmungsfilter die Werte prägen. **Was mir wichtig ist nehme ich wahr, und wie ich wahrnehme beeinflusst die Wertigkeit.**

„Früher war uns das wichtig" „Das hatte früher für uns eine große Bedeutung" „Das hatte mal einen großen Wert für uns". Auch Unternehmen haben eine Lebensgeschichte. Und Weglassen ist nicht mit Verlorengehen zu verwechseln. Zahlreiche Skandale und Krisen in den Unternehmen haben deutlich gemacht, dass vielen von ihnen offenbar ihre Werte verloren gegangen sind. Ich beobachte bei Kunden wie Mitarbeitern ein neues, starkes Bedürfnis nach Werten und Sinnhaftigkeit, weil ihnen die einseitige Ausrichtung am Profit einfach zum Halse raushängt. Profit hat seinen Preis, Werte-Apostel haben ihren Preis. Beides ist weder gut noch schlecht. Es kommt darauf an, was daraus entsteht und wie wir es werten. Auch Werte verursachen Kosten, die wir teilweise jahrelang bereitwillig bezahlen. Regionalität und Handwerk können durchaus höhere Kosten verursachen als Import und Industrie. Wer Abstand in der Beziehung wünscht, bezahlt mit dem Preis des Alleinseins. **Werte stehen immer in einer Hierarchie.** Sie kann sich im Laufe der Zeit ändern. Anders als im Unternehmen, wo Hierarchien kraft Beschluss beeinflusst werden können, ist die Entwicklung von Werten prozesshaft. Da auch Coaching ein prozessorientiertes Beratungsangebot ist, eignet es sich hervorragend für die Arbeit an Werten.

Zur lebenslänglichen Wirkungsweise von Werte und deren Bedeutung in Krisen finden Sie ein Arbeitsblatt im Anhang

1.4 Werte und Macht

Was Sie in diesem Kapitel erfahren:

- » **Werte sind ein machtvolles Führungsinstrument**
- » **Fehlende Werte sind eine Ursache von Krankheiten**
- » **Werte haben einen Marktwert**

„An der Freiheit des anderen kommt keiner vorbei" Unter diesem Titel veröffentlichte Reinhard K. Sprenger gesammelte Ausschnitte seiner Managementlehren der letzten zwanzig Jahre (Sprenger, 2013). Er betonte, dass der Mensch ein Freiheitswesen ist, ob als Angestellter, Unternehmer, Manager, Kunde oder in anderen Rollen und Lebensbereichen. An dieser Freiheit sind alle anderen Werte zu orientieren: Vertrauen, Selbstverantwortung, Motivation usw.

Nun ist es mit der Freiheit des Einzelnen nicht immer so ganz einfach, denn gerade in Organisationen braucht Kooperation Regeln, damit Freiheit funktionieren kann. Manche Regeln sind offiziell, manche inoffiziell und auch Werte können zur „allgemeinen Verhaltensnorm" werden. Schaffen also Werte Freiheit oder schränken sie diese sogar ein?

Werte sind sehr machtvoll. Sie haben bereits im vorherigen Kapitel erfahren, dass sie uns ein Leben lang prägen und wir vom Zeitpunkt der Geburt an wert-volle Erfahrungen sammeln. Und im Kapitel „Gibt es ein zu viel des Guten?" werden Sie erfahren, dass **einseitige oder übertrieben ausgelebte Werte das Gegenteil dessen bewirken können was sie anstreben** und uns unterm Strich sogar ent-machten. Dadurch verlieren wir Freiheit.

Werteorientiertes Führen hat zum Ziel, Verbindendes herauszustellen, sowohl zum Mitarbeiter als auch zum Kunden. Werteorientiertes Führen soll für alle Beteiligten die Grundlage schaffen für eine dauerhafte, erfolgreiche Kooperation. **Werte schaffen Nähe.**

Ich beobachte in vielen Betrieben jedoch eine andere Art der Führung. Dort wird macht-voll geführt, in dem weniger an die Werte als an die Gefühle angeknüpft wird. Und unter diesen Gefühlen gibt es eine zentrale Anknüpfungsstelle: Angst.

Nun wird über Angst in den Betrieben nicht öffentlich gesprochen. Unsere Gesellschaft will Sieger, keine Verlierer oder Angsthasen. Und solange sich mit Angst gute Politik betreiben lässt, scheint es auch keine Notwendigkeit zugeben, sie zu thematisieren. Dabei scheinen uns die Ausdrucksformen von Angst immer öfter zu begegnen: Existenzängste, Verlustängste und soziale Ängste stehen ganz hoch im Ranking der psychischen Störungen.

Ca. 17% aller psychischen Erkrankungen sind Angststörungen (Quelle: Robert-Koch-Institut Berlin 2012). Die psychischen Erkrankungen haben in den letzten Jahren sprunghaft zugenommen. Die durchschnittliche Arbeitsunfähigkeit bei psychischen Erkrankungen liegt bei 42 Tagen. (Quelle: Techniker Krankenkasse Gesundheitsreport 2013).

Der volkswirtschaftliche Schaden geht in die Milliarden. Und wie sieht es in Ihrem Betrieb aus? Wenn man die gelben Scheine hinzurechnet, die aufgrund einer Magenverstimmung ausgestellt wurden, aber einer emotionalen Unpässlichkeit gelten, wird der Schaden noch höher. Es lohnt sich über Gefühle in den Betrieben zu sprechen. Ich habe noch kein Unternehmen kennengelernt, in dem Mitarbeiter wegen werteorientierter Führung in die Krankheit geflüchtet wären. Aber ich habe in vielen Mitarbeiter-Coachings erfahren, dass Menschen aus Angst krank werden. **Angst schafft Distanz.**

Nicht nur innerbetrieblich werden mit Ängsten macht-volle Spiele gespielt, bei denen es am Ende nur Verlierer gibt. Auch in Bezug zu den Kunden hat das Spiel mit der Angst eine große Bedeutung. Nach dem Weg in die Selbständigkeit gefragt, geben die Professoren Panse und Stegmann gerne folgenden Denkanstoß: „Beobachten Sie Ihr Umfeld, suchen Sie nach Ängsten, Sorgen und Befürchtungen Ihrer potentiellen Kunden und entwickeln Sie Problemlösungsstrategien, angstreduzierende Produkte und Dienstleistungen" (Panse & Stegmann, 2006). Sie betonen: **Wo Angst ist, ist auch ein Markt.**

Wenn Unternehmen mit dem Wert Sicherheit werben, dann knüpfen sie unterschwellig an das Vorhandensein von Angst an. Heutzutage kann alles Angst machen: Die Angst vor vergifteten Lebensmitteln, die Angst vor Lieferengpässen, die Angst vor Krankheit und Tod. Durch ihre Werbeversprechen suggerieren sie dem Verbraucher eine Atmosphäre von Sicherheit, die es nicht gibt. In meinen Coachings ist Sicherheit eines der am häufigsten genannten Stichwörter der Klienten, egal ob Chef, Führungskraft oder Bäckereifachverkäuferin. Gleichzeitig ist Sicherheit ein Ziel, dass so gut wie nie erreicht wird. Eine Klientin wolle einmal von mir wissen, wann sie sicher sein kann ihre Führungsprobleme gelöst zu haben. Sie kam zu mir, weil sie von den Mitarbeitern in ihrer Führungsrolle nicht akzeptiert wurde. Ich drückte ihr daraufhin eine Schreckschuss-Pistole in die Hand und sagte: Damit schaffen Sie Fakten. Wir lachten beide darüber und entwickelten dann Strategien, wie sie zukünftig besser mit Unsicherheiten umgehen kann. Ich machte der Klientin keine Versprechungen, sondern ich bemühte mich um eine klare, authentische Kommunikation.

Strategien, wie ich besser mit Unsicherheiten umgehen kann.

Als Mitarbeiter wünsche ich mir keinen Vorgesetzten, der mir Sicherheit verspricht und mich vier Wochen später aus „betriebsbedingter Notwenigkeit" rausschmeißt. Ich wünsche mir einen Vorgesetzten, der bereit ist Verantwortung zu übernehmen, der offen und fair mit mir spricht. Trotzdem können wir unterschiedlicher Meinung sein. **Verstanden heißt nicht einverstanden.**

Wenn Sie Ihren Kunden versprechen: „Hundert Prozent Handwerk" „Hundert Prozent eigene Herstellung" dann knüpfen Sie genau an dieses Verlangen nach hundertprozentiger Sicherheit an. Prüfen Sie bitte selbstkritisch, ob in Ihrem Betrieb tatsächlich alles hundertprozentig ist. Und sind Sie so ehrlich, die Versprechungen auf Ihren Werbeträgern zu korrigieren, sobald Sie weniger als hundert Prozent gewährleisten können? Welcher Wert steht Ihnen am nächsten: Sicherheit, Ehrlichkeit oder Erfolg?

„Erfolg ist eher von Dauer, wenn man ihn erreicht, ohne die eigenen Prinzipien zu untergraben" [Walter Cronkite, U.S. Fernsehjournalist. Er wurde von den Fernsehzuschauern wegen seiner vertrauenserweckenden Art zum „Most trusted man in America" gewählt und wurde für viele Menschen zu „Uncle Walter"]

Wert macht Erfolg.

1.5 Sieben Gründe, warum nicht an Werten gearbeitet wird

Was Sie in diesem Kapitel erfahren werden:

» **Augenscheinlich gibt es „gute" Gründe wertlos zu bleiben**
» **Jeder Mensch ist veränderungsfähig**
» **Wer weiß, wo er ansetzen muss, ist einen guten Schritt weiter**

Vereinfacht dargestellt gibt es sieben Gründe, warum die Arbeit an Werten frühzeitig beendet oder gar nicht erst aufgenommen wird:

1. Wir ärgern uns über uns selbst
2. Wir ärgern uns über andere
3. Wir warten auf andere und haben Erwartungen an sie
4. Wir fallen in kindliche Verhaltensweisen zurück
5. Wir sehen uns alten Verbindungen verpflichtet
6. Werbeslogans werden als Werte gehandelt
7. Wir arbeiten vorzugsmäßig an Zielen

Diese sieben Blockierer tauchen auch in vielen anderen Veränderungsprozessen auf, die keinen erfolgreichen Abschluss finden. Offenbar haben sie einen großen Einfluss auf unser Durchhaltevermögen, so dass sich ein näherer Blick darauf lohnt:

Grund 1: Wir ärgern uns über uns selbst
Viele Klienten kommen zu mir ins Coaching, fest entschlossen, nun endlich die wichtigen (weil wertvollen) Dinge in die Hand

zu nehmen. Viele von Ihnen erzählen mir, dass sie schon „alles" versucht haben sich selbst zu helfen. Nun muss professionelle Unterstützung her. Ihre Selbsterfahrung ist Unfähigkeit, Hilflosigkeit oder Ratlosigkeit. Sie ärgern sich über sich selbst, weil die Dinge einfach nicht besser werden.

Nun sollte ein Coach niemand sein, der seinen Klienten die Arbeit abnimmt. **Wertvolle Erfahrungen sollen sie schon selber sammeln dürfen.** So kommen sie also ans Arbeiten und merken, dass Veränderung richtig viel Kraft erfordert. Viele meiner Kunden bringen diese Kraft mit und spüren, dass ihre Investition Früchte trägt. Einige behalten die alten, gewohnten Verhaltensweisen bei und merken, dass sie auf der Stelle treten. Manchmal ist dieses Stehenbleiben sogar sinnvoll und bringt sie anschließend einen guten Schritt weiter. Aber sie übersetzen dann die Bewegungslosigkeit mit Stillstand, werden noch wütender auf sich selbst und brechen das Coaching ab, bevor es überhaupt richtig losgegangen ist. Wer so viel Energie für seinen Ärger aufbringen muss, der hat keine Kapazitäten mehr, um sich seinen Werten zu widmen.

Veränderung erfordert richtig viel Kraft!

Grund 2: Wir ärgern uns über andere

„Die Kunden müssten die Arbeit von uns Bäckern wieder wertschätzen." „Der Mitarbeiter sollte mehr Verantwortung übernehmen." „Meine Frau sollte einfach härter durchgreifen". Als ob das so einfach wäre. Die meisten Menschen haben gute Gründe für das was sie tun oder lassen. Sie kennen das sicher: Wir wären so viel schneller an unserem Ziel, wenn nur die Menschen um uns herum so funktionierten wie wir sie gerne hätten. Diese verdammten Biester. Das einzige was stört ist der Kunde. Das einzige was stört ist der Mitarbeiter. Das einzige was stört ist der Mann. Die Liste können Sie fortsetzen.

Es ist komfortabel, die Anderen anzufeuern, wenn der eigene Hintern schön brav im Sessel bleibt. Manchmal gelingt das sogar und dann ändern die Anderen ihr Verhalten. Allerdings nur für kurze Zeit, weil es für sie weder Hand noch Fuß hat, weder sinnvoll noch wertvoll ist. Darüber ärgern sich dann die Chefs. Manchmal machen die Anderen aber auch einfach gar nix. Das ist eine Unverschämtheit. Das hat mit Wertschätzung nun wirklich überhaupt nichts zu tun, wo der Chef doch besser als die Mitarbeiter weiß, was für sie gut ist. Dann ärgern sich Chefs darüber maßlos. Und solange sie sich über die Unfähigkeit der Anderen derart ärgern müssen, ist an der Arbeit an ihren Werten überhaupt nicht zu denken. Wenn Sie über den Ärger, den Andere in uns auslösen, mehr wissen möchten, empfehle ich Ihnen mein Buch „Die narzisstische Kränkung" im Junfermann-Verlag.

Grund 3: Wir warten auf andere und haben Erwartungen an sie

Solange die Marketingabteilung den Flyer nicht veröffentlich hat, können wir auch nicht anfangen zu verkaufen. Solange die Produktion nicht ihre Hausaufgaben gemacht hat, brauchen wir keinen Neukunden anzusprechen. Solange sich die Mitarbeiter nicht an die Regeln halten, brauchen wir hier über Werte gar nicht zu sprechen.

Das sind alles typische Kommentare, die ich so oder ähnlich ständig in den Betrieben höre. Abwarten scheint zur Strategie zu gehören. Warten wir nun auf die Einhaltung der Regeln, damit die Wertediskussion geführt werden kann? Oder müssen erst gemeinsame Werte geklärt sein, damit daraus Regeln abgeleitet werden können? Wenn diese Fragen nicht geklärt sind, wird die Antwort ausgesessen. Man könnte hier von Sitz-Blockaden sprechen.

Mit den „Solange"-Sätzen werden Erwartungen formuliert, die mehr oder weniger klar ausgedrückt und adressiert sind. Noch spaßiger werden Situationen, in denen ein Vorgesetzter zwar Erwartungen hat, diese aber bisher gar nicht äußert. Das kann viele Gründe haben. Für den Vorgesetzten sind die Erwartungen so selbstverständlich, dass man doch darüber eigentlich gar nicht zu sprechen braucht. Oder seine Erwartungshaltungen würden zu Diskussionen führen (Mitarbeiter sind ähnlich uneinsichtig wie Kunden). **Oder die Erwartungshaltungen kann der Chef selber nicht erfüllen.** Wie auch immer – solange unsere Erwartungen nicht erfüllt werden, warten wir eben. Solange, solange, solange. Solange bleiben die Werte eine gute Idee.

Abwarten scheint zur Strategie zu gehören

Grund 4: Wir fallen in kindliche Verhaltensweisen zurück

Werte prägen uns seit frühester Kindheit. Da liegt es nah, dass sie uns auch gelegentlich mit unserer Kindheit in Kontakt bringen und kindliches Verhalten freisetzen. Sie kennen vielleicht den festen Entschluss, an einmal getroffenen guten Vorsätzen nun konsequent arbeiten zu wollen. Ein guter Vorsatz könnte sein, dieses Jahr zum Jahr Ihrer Werte zu machen. Nun haben gute Vorsätze die Eigenschaft, dass sie im Nachsatz gleich wieder über den guten Haufen geworfen werden. Wieso passiert das?

Am Beispiel: Der Vorgesetzte hat sich ein Herz gefasst. Heute spricht er mit dem Schichtleiter, der immer wieder durch Nachlässigkeiten auffällt. Er möchte sich selbst treu bleiben – und damit natürlich auch seinen Werten, aber das ist ihm in diesem Moment gar nicht so klar. Seine Werte sind Geradlinigkeit, Berechenbarkeit und Offenheit. Nun steht plötzlich der Schichtleiter vor ihm, einen Kopf größer als er, mit lauter Stimme und finsteren Augen. Der Vorgesetzte erkennt plötzlich seinen autoritären Vater vor sich, vor dem er schon als Kind maßlosen Respekt hatte. Plötzlich ist die Treue zu sich selbst vergessen, die Nachlässigkeiten sind Bagatell-Fälle und der Schichtleiter ist ja eigentlich ein ganz guter Mitarbeiter. Herz, Treue und Werte sind in die Hose gerutscht. **Sobald wir mit unseren Werten in Kontakt kommen, kommen wir auch mit unserer Geschichte in Kontakt.** Manche Menschen möchten das nicht.

Grund 5: Wir sehen uns alten Verbindungen verpflichtet

Die Kraft alter Verbindungen ist unglaublich. Familiäre Loyalität wirkt oft über Generationen. Familienwerte wie Zusammenhalt, Leistung und oft auch Verschwiegenheit bei Familiengeheimnissen wirken nicht nur förderlich, sondern oft destruktiv. Individualität, Genuss oder offene Kommunikation sind in manchen Familien auch heute noch Un-Werte. Darüber würde natürlich niemand offen sprechen (wie gesagt, das ist kein Wert), sondern „man" hat sich einfach dran zu halten. Die Kraft der Loyalität wirkt hinein bis in die Backstube und an die Verkaufstheke. Wer sich selbst Genuss untersagt, der wird auch für andere ungenießbar. Der kann zwar seine Kunden satt machen, aber das machen die Discounter auch. Wer sich selbst Individualität versagt und sich nur anpasst, der wird genau wie die Anderen. Aber: **Andere gibt es schon genug.** Wer offene Kommunikation unterdrückt, der wird bald keinen Teppich mehr finden, der groß genug wäre, um alle Probleme darunter zu kehren. Der Bäcker steht morgens auf, der Teppich bleibt liegen. Und die Arbeit an den Werten liegt drunter.

Grund 6: Werbeslogans werden als Werte gehandelt

„Wir verarbeiten nur qualitativ hochwertigste Waren"
„Bei uns ist alles hausgemacht"
„Vielfalt. Qualität. Frische"
„Wir backen aus Tradition"
„Verantwortliches Handeln"
„Für ein vitales Miteinander"

Ich spekuliere: Hinter diesen Aussagen steckt ein Grafiker, der passend zum Design und nach einem kurzen Interview die markantesten Begriffe in einen Slogan gepackt hat. Liebe Leser, das ist kein Wertebewusstsein, sondern Sahneschlägerei. Frische und Qualität sind heute kein Differenzierungsmerkmal mehr, sie sind Selbstverständlichkeit. **Werte werden gelebt, nicht geschrieben.** Sie sind dynamisch, nicht statisch. Offenbar scheint es auch heute noch Bäcker zu geben, die platte Sprüche auf ihre Werbeträger bringen müssen, weil die Aussagen sonst nicht wahrgenommen werden. Wenn eine Marke wert-voll aufgeladen ist, verträgt sie keine Schnörkel. Schlichtheit wirkt be-merkens-wert.

Grund 7: Wir arbeiten vorzugsmäßig an Zielen

Dieser Grund ist so gewichtig und verbreitet, dass ich ihm einen eigenen Unterpunkt widme.

1.6 Ziele, Bedürfnisse, Werte

Was Sie in diesem Kapitel erfahren:

» **Ziele müssen Ihren Werten entsprechen, um attraktiv zu sein**
» **Werte kann man nicht erreichen, man lebt sie**
» **Werte, Bedürfnisse und Ziele hängen eng miteinander zusammen**

Wer heute keine Ziele hat, scheint wertlos. Führungskräfte-Seminare betonen die Wichtigkeit von konkreten und messbaren Zielen. Wir müssen den Erfolg überprüfen können: In Euro, in Zeiteinheiten, in Kundenzahlen etc. Werte wie Genuss oder sich Weile nehmen scheinen da nicht richtig ins Bild zu passen. Eine „lange Weile" ist fast schon ein Synonym für Faulenzerei. Attraktiver ist es, die gefahrenen Kilometer zu messen, während ich meinen Coffee-To-Go im Auto trinke. Es scheint Erfolg versprechender zu sein, den Durchschnitts-Bon pro Kunden zu erhöhen, anstatt die Zeit zu verlängern, die ich mir pro Kunde nehmen darf. Unternehmen haben eben nichts zu verschenken, auch keine Zeit. Als Kunde finde ich es unglaublich nervig, jeden Morgen wieder den gleichen Spruch zu hören: Darf es sonst noch was sein? Nein, sonst hätte ich es gesagt.

Ziele müssen unseren persönlichen Werten entsprechen, um für uns dauerhaft attraktiv zu bleiben. Wenn Ziele und Werte nicht in Einklang stehen, beginnen wir, gegen uns selbst zu kämpfen. Das kann unzufrieden, schlimmstenfalls sogar krank machen. Menschen, die Werte und Ziele in Übereinstimmung bringen, sind zufriedener und entscheidungsfreudiger. Roy Disney, der Bruder von Walt Disney, hat einmal gesagt: **Es ist nicht schwer Entscheidungen zu treffen, wenn Du erst weißt, welche Deine Werte sind.**

Wer ein Ziel nicht erreicht, hat es entweder einem höheren Wert geopfert oder Ziel und Wert waren nicht stimmig. Das Erreichen eines Zieles ist befriedigend, wenn es von unseren Werten gestützt wird. Werte kann man nicht erreichen, man lebt sie. In Zielen hingegen manifestieren sich unsere gelebten Werte. Die eigenen Werte zu identifizieren ist für viele Menschen eine besondere Herausforderung. Sie nehmen sie nicht bewusst wahr und müssen Zeit und Aufmerksamkeit dafür bereitstellen, um mit ihnen bewusst in Kontakt zu kommen. Aber Zeit hat heute kaum jemand, und wer hat noch ungeteilte Aufmerksamkeit? Sie merken sicher schon, warum viele Menschen lieber an Zielen arbeiten möchten als an Werten.

Gerade in Organisationen werden Ziele besonders an den betrieblichen Notwendigkeiten orientiert. Auch wenn immer mehr von einer „ganzheitlichen" Betrachtung der Kunden und Mitarbeiter die Rede ist, so erlebe ich den Führungsalltag in den Betrieben eher nüchtern: **Eigentlich bin ich ganz anders, ich komme nur so selten dazu. Und so wird weiter gezielt, gemessen und beurteilt.**

Bei unseren Bedürfnissen geht das in eine ähnliche Richtung. Es gibt eine Bedürfnis-Hierarchie. Zuerst müssen die grundlegenden Bedürfnisse wie Essen, Schlaf und Sicherheit befriedigt sein, bevor ich mich übergeordneten Bedürfnissen wie Kunst und Kultur widme. Wer einen knurrenden Magen hat, der denkt eher an ein Stück Kuchen oder ein belegtes Wurstbrot als an Beethoven oder Albert Einstein. Insofern ist es nachvollziehbar und menschlich, dass wir uns erst mit den existentiellen Dingen auseinandersetzen. Ihre Bedeutung ist hier und jetzt. **Werte sind überdauernde Bedürfnisse,** die eine Vorgeschichte, eine Aktualität und eine Zukunft haben. Aus dem Bedürfnis nach Essen und Trinken kann der Wert des Genusses entstehen. Hinter dem Grundbedürfnis Schlaf kann der überdauernde Wert nach Ruhe und Entspannung liegen. Bedürfnisse können ähnlich wie Werte in einem Konflikt zueinander stehen. Wenn ich großen Hunger habe aber unter Zeitdruck stehe, werde ich den Restaurantbesuch wohl verschieben und mit knurrendem Magen den Weg fortsetzen. Oder ich ersetze den Restaurantbesuch durch ein schnelles Brötchen zum Mitnehmen. Hier wird es ganz spannend:

Ist das kurzfristige Bedürfnis (Hunger) größer als der Wert (Zeit nehmen beim Essen)? Je größer das akute Bedürfnis, desto weniger scheinen die Werte zu wirken. Wer unbedingt meint, ein Produkt haben zu müssen, das er nur bei amazon bekommt, der kauft auch dort: Eigentlich bin ich ja kein amazon-Kunde, aber...... Das Bedürfnis war größer als der Wert. Oder der Wert ist gar nicht richtig identifiziert bzw. steht auf der Werteleiter an anderer Stelle. Es geht hier nicht um gut oder schlecht. Ob Sie bei amazon kaufen oder Ihr Brötchen im Schweinsgalopp essen ist völlig Ihnen überlassen. **Wichtig ist zu erkennen, wodurch Sie gerade gesteuert werden.**

Welche Bedürfnisse können heute so groß sein, dass sie uns von unseren Werten entfernen? Wann waren Sie zum letzten Mal richtig hungrig? Ich meine nicht die Lust oder den guten Appetit, sondern das richtig leere, flaue Gefühl im Magen mit Hunger bis zu den Knien? Können Sie sich daran erinnern, wann Sie das letzte Mal so wenig Geld in der Tasche hatten, dass Sie sich nur ein Discount-Brötchen leisten konnten? Ich behaupte, die meisten Menschen in unserer Gesellschaft wissen nicht, was Bedürftigkeit bedeutet und wie schmerzlich sie sich anfühlen kann. Auch hier geht es mir nicht um den moralischen Zeigefinger oder die Trennung von gut und böse, richtig oder falsch. Es geht wieder darum zu erkennen, was gerade handlungsleitend ist: Ist es Ihr Bedürfnis oder Ihr eigener, innerster Wert oder eine äußere Macht, die Sie gerade steuert? Viele Unternehmen setzen an den Bedürfnissen ihrer Kunden an. Verkäufer werden darauf trainiert, die Bedürfnisse ihrer Kunden schnell zu erkennen oder neue Bedürfnisse zu wecken. Daran ist nichts auszusetzen. **Um anders zu sein als der Wettbewerb reicht allerdings die Befriedigung von Bedürfnissen nicht aus. Wenn Sie als Unternehmer zu Ihren Werten stehen, treten Sie aus der Beliebigkeit heraus – Sie werden sichtbar und angreifbar.** Manchmal erfordert es sogar Mut, zu seinen Werten zu stehen. Die Entscheidung für etwas ist auch eine Entscheidung gegen etwas. Wer Ihre Werte nicht teilt, ob Mitarbeiter oder Kunde, mag für Sie nicht der richtige Partner sein. Manchmal ist es gar nicht so einfach, in einer schnelllebigen Zeit seinen Werten treu zu bleiben. Da käme mir ein Bäcker, der meine Werte teilt, gerade richtig.

Laut einer aktuellen Studie des Markforschungsinstitutes Nextpractice in Bremen haben 77% aller deutschen Führungskräfte den Eindruck, dass die Art und Weise der Führung nicht den aktuellen Anforderungen entspricht.

Gefragt wurden 400 Führungskräfte in Groß- und mittelständischen Unternehmen.

Offenbar gibt es einen **Trend weg von Planung, Zieldefinitionen, Kontrolle und Profitmaximierung hin zu Werten wie Kooperation, Flexibilität und Integration.** Aber die Unternehmer stecken in einem Dilemma. Einerseits müssen sie die Kapitalinteressen im Auge behalten, andererseits aber auch die Zufriedenheit der Mitarbeiter und der Kunden. Gerade hier liegt die große Chance des Mittelstandes, allen voran des Bäckerhandwerks. In kaum einer anderen Branche werden Wertebewusstsein, Tradition und Regionalität so eng mit den Unternehmen in Verbindung gebracht.

1.7 Gibt es ein zu viel des Guten?

Was Sie in diesem Kapitel erfahren:

» Es gibt eine Übertreibung von Werten
» Werte sind kontextabhängig
» Ein zu breites Werte-System führt zum Un-Sinn

Ja, es gibt ein zu viel des Guten. Wenn Macht oft mit einem negativen Vorzeichen besetzt ist, so kommen Werte unter einem Deckmäntelchen der Unfehlbarkeit daher. Aber Werte wie Gründlichkeit, Verantwortung oder Transparenz sagen erst mal noch nichts über die Wirkung in einem konkreten Kontext aus. Die Wertigkeit wird situativ geprägt, und **eine gute Absicht kann durchaus ins Gegenteil kippen.**

Ein Bereichsleiter, der für seine Gründlichkeit bekannt ist, genießt hohes Ansehen bei der Geschäftsführung. Man kann sich blind auf ihn verlassen. Aufgaben, die ihm übertragen werden, macht er hundertprozentig. Die außerordentliche Sorgfalt hat auch eine Kehrseite: Der Mitarbeiter fühlt sich immer erschöpfter, weil er seinen eigenen Ansprüchen kaum mehr gerecht werden kann. Die Geschäftsführung nervt es zunehmend, dass spontane Aktivitäten so gut wie unmöglich sind. Die Mitarbeiter klagen darüber, dass man dem Bereichsleiter nichts recht machen kann und flüchten sich ins Mittelmaß – ein Teufelskreis entsteht.

Werte können ins Gegenteil kippen.

Auch nach außen können Werte ins Gegenteil kippen. Das äußert sich dann zum Beispiel in extremen Kampagnen oder Aktionen, wie sie die Marke Benetton Mitte der 90er Jahre praktizierte. Benetton betonte seine Werte von Individualität und ungeschönter, klarer Kommunikation. Dazu veröffentliche man unter anderem großformatige Bilder von sterbenden HIV-Patienten. Die Werbung führte zu heftigen Kontroversen darüber, was in der Werbung gezeigt werden darf und was nicht. Die Diskussion war zwar sinnvoll, die Marke Benetton wurde aber auch Jahre danach noch mit Geschmack- und Respektlosigkeit in Verbindung gebracht.

Das Unternehmen Meyer/Stemmle steht für Kreativität und Innovation. Im Jahre 2005 veröffentlichten wir die Aktion „Hier ist der Teufel los" mit einem erheblichen Werbeaufwand. Die Aktion lief jedoch entgegen aller Erwartungen äußerst schlecht. Umfragen bei unseren Kunden ergaben, dass wir über das Ziel hinaus geschossen waren. Damals wollte sich niemand den Teufel in die Backstube holen.

Einige unserer Kunden haben in der Vergangenheit politische Werbung auf Verpackungen gebracht. Parteienwerbung ist eine sehr deutliche Art, für Inhalte und Werte Stellung zu beziehen. Aber es muss auch klar sein, dass Politikwerbung stark polarisiert. Ich rufe an dieser Stelle eine Passage aus dem Kapitel „Werte prägen lebenslänglich" in Erinnerung:

Werte sind immer in einen konkreten Kontext eingebunden

Werte sind immer in einen konkreten Kontext eingebunden: in persönliche Werte, familiäre Werte, unternehmerische Werte und gesellschaftliche Werte. Der Wert von Werten muss daher immer mit seinen Auswirkungen auf die Umwelt gesehen werden. Bei der Arbeit an Ihren Werten ist es wichtig herauszufinden, welcher Ihrer Kontexte gerade angesprochen ist und ob es zwischen den unterschiedlichen Bereichen ggf. Wertkonflikte gibt. Soll Ihre persönliche politische Überzeugung auf die Brötchenverpackung Ihres Unternehmens? Backwaren sind höchst unpolitisch, aber die Bedeutung von Bäckereien kann in der Tat zum Politikum werden.

An den Beispielen wird deutlich, dass sich Werte und Empfindlichkeiten im Laufe der Zeit ändern können und ihre Wirkung kontextabhängig ist. Heute würde man vielleicht weniger empört auf die Werbung von Benetton reagieren. Sich den Teufel ins Haus zu holen scheint inzwischen, bei allem Halloween-Horror, fast schon banal. Ob Sie für Ihr Unternehmen werben oder für Parteien bleibt nach wie vor Ihnen überlassen.

Es gibt noch einen anderen Grund für ein „Zuviel des Guten".
Manche Betriebe versuchen möglichst viele Werte zu übernehmen: Tradition, Frische, Qualität, Zusammenhalt, Respekt, Innovation, Flexibilität, Sicherheit, Leistung, Zuverlässigkeit, Erfolg usw. Sie meinen, möglichst viele Werte zu integrieren steigert den Wert des Unternehmens. Leider ist das Gegenteil der Fall.

Teilweise geraten bei wilden Wertesystemen die Einzelwerte zueinander in Widerspruch. So kann es schon eine Herausforderung sein, Sicherheit und Flexibilität unter einen Hut zu bringen. Auch Tradition und Innovation müssen sich als sinnvolles Paar erst finden, um markant (als Marke erkannt) zu werden.

Ein zu breites Wertesystem kann zu einer Sinn-Entleerung im Unternehmen führen, zum Un-Sinn.

Manche Betriebe werden dadurch beliebig, verlassen ihren roten Faden, verlieren Kontur und zeigen nicht mehr klar wofür sie stehen. Wichtig ist, die tragenden Werte ebenso klar zu definieren wie Ihre Kernkompetenzen. Unternehmen, die besonders erfolgreich sind, haben einen eher engen Werte-Kodex: „Wer keine Leistung bringt, der geht." Sie können diese Geradlinigkeit gut oder schlecht finden. Auf jeden Fall gibt sie eine ganz klare Orientierung. Mitarbeiter wie Kunden erhalten die Möglichkeit, sich auf diese Wertehaltung einzulassen oder sich einen für sie passenderen Wert-Schöpfer zu suchen. Wenn man den Wert „Leistung" in einen größeren Zusammenhang bringt, z. B. großzügige Fortbildungsangebote, Coachings, flexible Arbeitszeitmodelle, sehr gute Bezahlung, dann kann einem der Anspruch „Leistung" durchaus sympathisch werden.

Professoren an der University of Pennsylvania haben nachgewiesen: Mitarbeiter mit klar formulierten Unternehmenszielen und wenigen, aber konkreten Werten arbeiten besser als mit abstrakten und werteüberfrachteten Leitbildern (Quelle: ManagerSeminare 206/2015, Seite 11)

TEIL 2

PRAXIS-FÄLLE

Was Sie in diesem Kapitel erfahren:

- » **Eingesetztes Wissen heißt: Tun!**
- » **Probleme sind sichtbarer Ausdruck unsichtbarer Störungen**
- » **Coaching als Form der betrieblichen und persönlichen Werteklärung**

Der Begriff Praxisfälle ist eigentlich irreführend. Nur gelegentlich arbeite ich mit meinen Klienten in der Coaching-Praxis. Es sind eher Betriebsfälle, denn die eigentliche Arbeit findet in den Betrieben statt. Aber praxisorientiert ist beides und der praktische Nutzen steht im Vordergrund. **Wissen ist gut, praktiziertes Wissen ist besser. Wir haben in den deutschen Betrieben kein Wissensdefizit, sondern einen Umsetzungsstau.**

Immer mehr Kunden kommen auf mich zu, die konkret an Ihren Unternehmenswerten arbeiten möchten, um sie in den Führungsalltag zu integrieren. Führung bedeutet dabei das Innenverhältnis (zum Mitarbeiter) und das Außenverhältnis (zu Kunden und Lieferanten). Da die Unternehmenswerte immer auch im Kontext der persönlichen und gesellschaftlichen Werte gesehen werden müssen, ist die Arbeit daran von sehr viel Vertrauen und Wertschätzung geprägt. Das tragende Fundament der Zusammenarbeit ist das „Miteinander können", weniger meine Techniken oder Zertifikate. Was nützt es, wenn der Kuchen gut aussieht aber nicht schmeckt.

Die meisten Klienten formulieren zu Beginn einen anderen Bedarf und sprechen Werte gar nicht an. Vieles wird in den großen

Coaching-Topf geworfen: Team-Entwicklungen, Change-Management, Verkaufstrainings usw. Manchmal stellt sich erst durch Hintergrundinformationen heraus, dass die gewünschte Arbeit an den Symptomen nicht weiter führen würde. Wenn ich auf die Wunde ein Pflaster klebe, bleibt sie immer noch da. Wenn nur Schmerzmittel verabreicht werden, bleibt die Entzündung bestehen und breitet sich aus. Damit der Brotteig aufgeht gehört Hefe hinein. Es nützt nichts, wenn Sie die Temperatur erhöhen. Es geht um Ursachenforschung. **Probleme sind sichtbarer Ausdruck unsichtbarer Störungen.** So kommt es vor, dass aus dem ursprünglichen Coaching-Anliegen plötzlich ein ganz anderer Auftrag wird. Das geschieht ziemlich oft. Viele Kunden haben zu Beginn der Zusammenarbeit eher vage Beschreibungen für ihr Problem. Noch schwieriger wird es, wenn ich sie nach dem Ziel frage. Wer weiß, was er definitiv nicht mehr möchte, muss noch lange keine Vorstellung von dem haben, was er stattdessen will:

Keine Vorstellung was er stattdessen will!

„Ich möchte solche Alleingänge zukünftig nicht mehr haben" sagte der Bäckermeister über seinen Gesellen. Auf die Frage, was er sich denn stattdessen von dem Mitarbeiter wünscht, fand er allerdings nur widersprüchliche Beschreibungen: eigenverantwortliches, vorsichtiges Handeln. Wie soll der Mitarbeiter aus diesem Dilemma rauskommen? Solange der Chef seine Wertehierarchie nicht geklärt hat, läuft der Mitarbeiter wie ein Esel zwischen zwei Strohballen hin und her. Da er nicht weiß, wo er mit dem Fressen anfangen soll, verhungert er.

Und natürlich gibt es auch Coaching-Aufträge, da steht die Werteklärung nicht im Mittelpunkt. Ein Prokurist kam zu mir in die Beratung, um an den hohen Ansprüchen zu arbeiten, die andere an ihn stellten. Er sah sich außer Stande, diesen Ansprüchen dauerhaft gerecht zu werden. Er empfand den Leistungsdruck als starke Belastung. Sie äußerte sich in Schlafstörungen, daraus folgten Müdigkeit und Konzentrationsstörungen. Was blieb den Kollegen übrig, als den Druck weiter zu erhöhen, um bald wieder die gewohnte Arbeitsqualität zu erhalten? Der Prokurist begann an seinen eigenen Ansprüchen zu arbeiten. Er stellte sehr bald fest, dass sein innerer Kritiker niemals wirklich zufrieden war. Als er die Macht seiner einschränkenden Überzeugungen erkannt und entschlüsselt hatte, konnte er aus innerer Kraft seine relativierten Selbst-Ansprüche als Maßstab nehmen. Sie merken aber auch hier, dass Werte wie ein Dauerrauschen immer im Hintergrund mitspielen. **Wir können nicht in einem wertfreien Raum leben. Wir werten immer. Ohne Bewertungen würden wir uns in unserem Leben nicht zurecht finden.**

Die folgenden Coaching-Prozesse sind stark verkürzt. Teilweise lief die Zusammenarbeit über mehrere Monate. Coaching ist immer prozessorientiert. Es entwickelt sich etwas, von dem weder Coach noch Kunde genau wissen können, was am Ende dabei herauskommt. Allerdings treffen hier zwei Fachleute aufeinander, die gemeinsam Verantwortung tragen: Der Kunde für die inhaltlichen Vorzeichen, ich als Coach für die methodische Herangehensweise und die Struktur. Dadurch bekommt der Prozess einen kalkulierbaren Rahmen, der die Balance von Stabilität und Veränderung im Auge behält.

Alle Namen sind frei erfunden. Ich habe die Beispiele so verfremdet, dass Ähnlichkeiten mit Personen oder Unternehmen rein zufällig wären. Wenn Sie sich aber in einem der Beispiele wiederfinden sollten, dann ist das sicher kein Zufall, sondern absolut erwünscht.

2.1 Männliche und weibliche Führung

Was Sie in diesem Kapitel erfahren:

» **Männer führen anders, Frauen auch**
» **Es gibt keine Standardantworten auf individuelle Situationen**
» **Werteklärung ist in erster Linie Chef-Sache**

In vielen Bäckerbetrieben herrscht eine klassische Aufgabenverteilung: Eine Frau leitet den Verkauf und das Marketing, ein Mann leitet die Produktion und die Finanzen. In meiner Wahrnehmung ist das in 95% aller familiengeführten Bäckereien der Fall. Stand diese Aufteilung mal als Empfehlung in einem Führungsratgeber oder ist die Rollenverteilung eher geschlechtsspezifisch? Männer sorgen sich um das Geld, Frauen kümmern sich um die Beziehungen. Nun ist Bäcker ja nach wie vor ein von Männern bevorzugter Beruf. Die körperlichen Anforderung können heute allerdings durchaus auch von Frauen erbracht werden wie einzelne Beispiele zeigen. Insofern ist die Aufgabenverteilung wohl auch eine Folge der Berufswahl: Bäcker stehen in der Backstube, Frauen qualifizieren sich eher in den Bereichen Marketing und Verkauf.

Laut Auskunft der Zentrale des Deutschen Bäckerhandwerks gab es im Jahr 2013 insgesamt 3.242 Bäckergesellen-Prüfungen. 653 davon waren Frauen. Dazu wurden 481 Meisterprüfungen abgelegt, von denen 87 Frauen waren (18.1%). Diese Unterschiede bleiben im Führungsalltag nicht ohne Folgen.

Männliche Führung wird eher als zielorientiert, rational und durchsetzungsstark wahrgenommen, weibliche Führung wird hingegen als kooperativ, empathisch und rücksichtsvoll erlebt. Es geht hier nicht um die Wertigkeit an sich, sondern um die stereotype Wahrnehmung. Und die Wahrnehmung in den Betrieben sorgt dafür, dass für wahr gehalten wird was wahrgenommen wurde. Sich aus solchen (Vor-) Urteilen zu befreien ist eine große Herausforderung, auch im Coaching.

Um die Geschlechter-Unterschiede im Führungsverhalten zu verdeutlichen, übernehme ich vorerst die Stereotypie, wenngleich es immer Ausnahmen von der Regel gibt. Überprüfen Sie selber, wo Sie sich treffender zugehörig fühlen.

Frauen und Männer pflegen einen unterschiedlichen Umgang mit Macht. Macht entwickelt sich durch Abhängigkeiten. Männliche Macht schafft Abhängigkeiten durch Hierarchien (Kraft des Amtes), durch Gebote und Verbote, durch Dominanzverhalten und durch Persönlichkeitsfacetten, die starke narzisstische Prägungen haben. Männlicher Narzissmus wird in Unternehmen oft als stark und charismatisch wahrgenommen. Weibliche Macht schafft Abhängigkeiten durch Loyalität, kollektive Geheimnisse, Anpassung und Unselbständigkeit. Auch hier greifen narzisstische Persönlichkeitsanteile, die allerdings eher eine defensiv-depressive als eine aggressive Struktur aufweisen. Männer-Rollen in Machtspielen sind oft Besserwisser, Kontrolleur oder Angreifer, Frauen-Rollen hingegen Retterin, Hilflose oder Kontrolleurin (Schmidt, B. 2015). Durch den verschiedenen Umgang mit Macht werden unterschiedliche Werte berührt, was zu erheblichen Schwierigkeiten im Betrieb führen kann.

Frauen und Männer pflegen einen verschiedenen Umgang mit Macht

2.1.1 Böser Chef, gute Chefin

Was Sie in diesem Kapitel erfahren:

- » **Privatleben und Beruf sind meistens nicht scharf voneinander zu trennen**
- » **Werte äußern sich in Führungsstilen**
- » **Mitarbeiterschulungen sind oft weniger wert**

Frau und Herr B. leiten gemeinsam einen Bäckereibetrieb mit sechs Standorten und ca. 45 Verkaufsmitarbeiterinnen sowie acht Produktionsmitarbeitern. Die Geschäftsführung ist klassisch: Frau B. kümmert sich darum, dass in den Filialen der Verkauf klappt. Außerdem hat sie eine Hand für Ladendekoration und beeinflusst maßgeblich den öffentlichen Auftritt, von der Verpackung bis zum Zeitungsartikel. Wenn es allerdings ums Geld geht, dann übernimmt Heiko B. das Ruder. Er ist für die Bereiche Finanzen, Produktion und Logistik zuständig. Heiko B. hat den Backbetrieb vor fünfzehn Jahren von seinen Eltern übernommen. Anfangs hatte er noch keine Partnerin, da haben ihn seine Eltern gelegentlich unterstützt. Vor zehn Jahren trat dann Sabine in sein Leben. Da sie als Marketing-Assistentin in einem anderen Bäckerbetrieb tätig war, hatte sie ihre Aufgabe schnell gefunden.

Sabine B. wendet sich nun an mich, um mit Ihren Verkäuferinnen eine Schulung zu den Themen „Zusatzverkäufe" und „Teamentwicklung" zu realisieren. Am Telefon berichtet sie mir, dass es erhebliche Unterschiede in der Kompetenz sowie der Motivation der Verkäuferinnen gibt. Einige würden lediglich abkassieren, andere würden richtig verkaufen. Außerdem sei die Stimmung im Team schlecht. Weder innerhalb einer Filiale, noch zwischen den Standorten und dem Zusammenspiel von Verkauf und Produktion würde es richtig klappen. Die schlechte Atmosphäre würden auch die Kunden spüren. Sie befürchtet deshalb einen Umsatzrückgang, wenn sich niemand mit dem Problem auseinandersetzt.

Das erste Treffen findet bei mir in der Praxis statt. Ich erlebe eine attraktive, lebendige Frau Anfang fünfzig. Sehr schnell finden wir eine gemeinsame Basis für die vertrauensvolle Zusammenarbeit, die durch beiderseitige Sympathie unterstützt wird. Frau B. betont immer wieder, wie wichtig ihr ein gutes Arbeitsklima ist. Teilweise würde sie auch über sehr private Dinge mit den Mitarbeiterinnen sprechen. Einerseits, weil man sich menschlich gut versteht, andererseits beeinflusst die private Situation auch die Arbeitsergebnisse. Inzwischen stellt Sabine B. allerdings fest, dass sie zu einigen Mitarbeiterinnen mehr und mehr den Kontakt verliert und dass es auch innerhalb des Teams zu spürbaren Anfeindungen kommt. Ganz deutlich würden aber die Differenzen zwischen den Verkäuferinnen und den Bäckern. Hier würde die ständige Lästerei eine konstruktive Zusammenarbeit gänzlich unmöglich machen. Frau B. berichtet von den Aktivitäten ihres Mannes, der mit klaren Ansagen auftritt, teilweise bis zur Androhung personeller Maßnahmen. Bisher würden aber weder die gut gemeinten Annäherungsversuche noch die Drohungen an der angespannten Situation etwas ändern. Eine Teamtentwicklung in Kombination mit einer Verkaufsschulung scheint ihr daher das richtige Instrument, um wieder Ordnung in die Abläufe zu bringen. Am Ende der ersten Einheit bitte ich Frau B. zum nächsten Termin ihren Mann mit in die Praxis zu bringen.

Zuerst habe ihr Mann gefragt, was dass denn für einen Sinn machen würde, jetzt auch noch zu zweit ins Coaching zu gehen. Er könne doch nicht auch noch den Betrieb sich selbst überlassen, dann würde ja gar nichts mehr laufen. Am Telefon bestätigt sie mir trotzdem, dass sie ihren Mann breitgeschlagen habe mitzukommen.

In der nächsten Stunde werde ich mit zwei grundsätzlich unterschiedlichen Führungsstilen konfrontiert. Sabine B. verstärkt erneut meine Wahrnehmung der sehr kooperativen und personenzentrierten Führung. Heiko B. führt den elterlichen Betrieb autoritär und an der Sache orientiert weiter, so wie er es bei seinem Vater gelernt hatte. Herr und Frau B. fallen sich bei den Schilderungen der Situation regelmäßig ins Wort: „Du hältst doch die Mitarbeiter alle für Idioten" kommentiert Sabine, während Heiko festhält „Du kannst nicht mit allen Freundin sein." Schnell zeichnet sich ab, dass die Mitarbeiter mit den unterschiedlichen Führungswerten total überfordert sind. Die unterschiedlichen Sichtweisen von Personalführung münden außerdem in Streitigkeiten zwischen dem Ehepaar, die teilweise vor den Mitarbeitern ausgetragen werden. Die erhitzte Situation im Betrieb wird auch zur erhitzen Situation im Coaching-Raum. Früher oder später wiederholen sich die Probleme auch im Coaching-Prozess. Entweder zwischen mir und dem Kunden oder zwischen den Partnern. Ich nenne das „Wiederaufnahme des Bühnenstückes". Im Coaching werden wir genau diese Reaktionsweisen, die zur Aufrechterhaltung der Probleme beitragen, auf die Coaching-Bühne holen und beleuchten.

Zwei grundsätzlich unterschiedliche Führungsstile

2.1.2 Werte-Coaching als Klärungshilfe

Was sie in diesem Kapitel erfahren:

» **Störungen haben Vorrang**
» **Werteklärung ist Beziehungsklärung**
» **Manchmal versteckt sich ein Ziel hinter dem Ziel**

Ordnung in Abläufe zu bringen ist nicht unbedingt der geeignete Weg, um Änderungen anzustoßen. So sehr ich den Wunsch von Sabine B. auch nachvollziehen kann, so wenig will ich ihm entsprechen. Als Coach sehe ich es als meine Aufgabe, in einem Betrieb angemessen und wertschätzend zu stören, anstatt die Ist-Situation durch Ruhe und Ordnung zu stabilisieren. Ich bin Persönlichkeitsstörer. Provokationen und Respektlosigkeiten sind zwar nicht die Regel, aber manchmal notwendig, um Dinge auf den Punkt zu bringen.

Wir vereinbaren, dass vor den Personalmaßnahmen ein Paar-Coaching stattfinden soll. Zuerst wird ein gemeinsames Verständnis darüber entwickelt, welchem Menschenbild der Mitarbeiter entspricht, was die verbindenden Führungswerte sein sollen, welche Rollen die beiden besetzen möchten und natürlich auch, wie sie zueinander stehen. Gerade der letzte Punkt hat eine unglaubliche Kraft. Wenn es in einem Betrieb nicht rund läuft, wenn die Mitarbeiter demotiviert sind oder die Kunden trotz guter Qualität ausbleiben, dann schaue ich ganz genau auf die atmosphärischen Störungen im Unternehmen, angefangen bei den Inhabern. Inhaber oder Geschäftsführer wirken oft als Multiplikatoren, die ihren Führungsstil nach unten weitergeben. Wenn sie Druck machen, dann wird der Backstubenleiter mit hoher Wahrscheinlichkeit den

Druck weitergeben. Wenn die Chefin sich nicht für die pünktliche Belieferung der Filialen stark macht (aus welchen Gründen auch immer), warum sollten es dann die Verkäuferinnen tun?

Atmosphärische Störungen sind Beziehungsstörungen. Beim Paar-Coaching ist es wichtig, dass der Coach über ausreichende psychologische Kenntnisse verfügt, um die Grundmuster in den Beziehungen zu erkennen. Auch Personalführung ist größtenteils Psychologie.

Zuerst bekommt Heiko B. die Möglichkeit, die Situation zu beschreiben. Mir fällt auf, dass er mit der besonderen Familiensituation im Elternhaus anfängt, die durch Leistung und Anpassung geprägt war. Zuwendung gab es nur, wenn man die elterlichen Erwartungen erfüllte oder aggressiv auffiel. Heiko fragt nach, ob er eine Geschichte erzählen darf, die seine damaligen Erfahrungen sehr deutlich macht. Er befürchtet, dass er mir mit seinem Beitrag die Zeit stehlen könnte. Ich vermute, dass die biografischen Erfahrungen von Herrn B. wesentlich sein Führungsverhalten prägen. Zudem steht sein angepasstes Verhalten in der Coaching-Stunde im deutlichen Widerspruch zu seinem autoritären Führungsstil.

Nonverbale Kommunikation ist weniger gefiltert als die Sprache

Nachdem ich nun beide etwas näher kennengelernt habe, setze ich an der Beziehung von Sabine und Heiko B. an, um an ihre Bewertungen und Werte zu kommen. Manchmal sprechen Blicke und Körpersignale mehr als tausend Worte, und die nonverbale Kommunikation ist weniger gefiltert als die Sprache. Beide setzen sich also einander gegenüber und bekommen den Auftrag, sich nur fünf Minuten lang wahrzunehmen. Zwischendurch streichelt Heiko an Sabines Knie.

Nach der Übung, die von beiden als extrem lang empfunden wurde, frage ich die zwei nach ihren Gedanken und Empfindungen. Heiko betont: „Wenn wir nur zusammenhalten, bekommen wir das auch hin. Das ist alles nicht so schlimm. Ich habe jetzt das Bedürfnis dich in den Arm zu nehmen". Sabine hält für sich fest: „Er berührt mich, um sich aus der Situation zu schleichen. Er ist so hilflos, das regt mich total auf".

Die Kommentare liefern genug Material, um den Rest der Arbeitseinheit mit Erklärungen und Hintergrundinformationen zu füllen. Die beiden steigen in eine Diskussion darüber ein, was sie voneinander erwarten und was sie vermissen. Als Coach brauche ich bei diesem Gespräch keine großen Aktivitäten an den Tag zu legen und stelle daher nur gelegentlich ein paar Verständnisfragen. Vielmehr konzentriere ich mich darauf, die beiden in der Art und Weise ihrer Kommunikation wahrzunehmen. **Führung ist Kommunikation**, und auch in diesem Moment Re-Inszenieren sich die problematischen Führungssituationen während des Coachings.

Heiko wünscht sich von seiner Frau mehr Verständnis für die vielen Probleme in der Produktion. Er arbeitet bereits an ihnen, fühlt sich aber von ihr massiv unter Druck gesetzt. An dieser Stelle werden gelernte Verhaltensmuster deutlich. Heiko verlangt nach Zuwendung. Wenn er diese nicht bekommt bedrückt ihn das sehr. Diese Bedrückung gibt er in Form von Aggression weiter, denn so ist ihm wenigstens Aufmerksamkeit gewiss. Die Aggression äußert sich nicht nur in verbalen Entgleisungen, sondern auch durch Druck, den er an die Mitarbeiter weitergibt. Ob Frau B. dabei tatsächlich Druck auf ihren Mann ausübt oder nicht, spielt dabei eine untergeordnete Rolle. Wesentlich ist, dass er die Situation als erdrückend erlebt.

Sabine B. wünscht sich von ihrem Mann, sich endlich aus der Hilflosigkeit zu lösen, die wirklich wichtigen Dinge anzupacken und nicht immer wieder in Nebensächlichkeiten stecken zu bleiben. Dahinter steht die Bitte an ihn „nicht immer den starken Mann zu spielen und sich dann wie ein Kind zu verhalten".

Was haben die Mitarbeiter aus dem unterschiedlichen Führungsverhalten der Beiden gelernt? Passe Dich möglichst gut an oder werde laut. Teilweise delegieren die Produktionsmitarbeiter die Verantwortung zurück an den Chef, weil sie sowieso seinen Ansprüchen nicht gerecht werden können. Manche Vorgesetzten speisen damit zwar ihre narzisstischen Züge, klagen aber auf der anderen Seite über inkompetente Mitarbeiter und zu viel Arbeit. Die Verkäuferinnen vermeiden weitgehend den Kontakt zum Chef, um nicht zwischen die Fronten zu geraten. Gleichzeitig ziehen sich jene Kolleginnen immer weiter von der Chefin zurück, die weniger „privat" mit ihr „befreundet" sind. Das Resultat ist, dass die Verkäuferinnen eine beeindruckende Kompetenz entwickeln sich unsichtbar zu machen. Aber **unsichtbare, konturlose Verkäuferinnen sind Gift für jedes Geschäft.** Was Sie brauchen sind Markenpersönlichkeiten, keine Schatten. Die wenigen, engen Vertrauten von Sabine B. fühlen sich derart privilegiert, dass Frau B. in Ihrer Rolle als Chefin nicht mehr überzeugen kann. Anweisungen werden als Möglichkeiten interpretiert, unter den Damen kommt es zu Anfeindungen. Das erleben auch die Kunden.

Die Produktionsmitarbeiter deligieren die Verantwortung zurück an den Chef.

Im weiteren Prozess erarbeiten sich Herr und Frau B. ein gemeinsames Führungsverständnis. Als einer ihrer wichtigsten Grundsätze gilt, zukünftig Differenzen nicht mehr vor den Mitarbeitern auszutragen, sondern in Vier-Augen-Gesprächen zu lösen. Sie halten für sich fest, dass die Mitarbeiterführung eine auf Respekt und Wertschätzung basierende Arbeitsbeziehung ist. Zwischen betrieblichen und privaten Kontakten wird differenziert. Außerdem treffen sie die Vereinbarung, die Stärken des anderen auch für den eigenen Verantwortungsbereich zu nutzen. Das wird ihnen möglich, nachdem sie ihre wunden Punkte erkannt und die problematischen Auswirkungen ihrer Gewohnheiten aufgedeckt haben. Beide sehen selbständiges Arbeiten als hohen Wert und entwickeln eine innere Haltung der Fehlerfreundlichkeit.

Am Ende der Zusammenarbeit zeichnet sich eine deutliche Verbesserung der Zusammenarbeit zwischen Produktion und Verkauf ab. Dadurch kommt es zu einer optimierten Warenversorgung der einzelnen Filialen mit geringeren Retouren und mehr Umsatz. Die angespannte Atmosphäre in den Verkaufsteams löst sich. Frau B. hat wieder Einfluss auf die Verkaufsaktivitäten und beginnt, einen roten Faden für das Erscheinungsbild der Läden zu entwickeln. Zwischen Heiko und Sabine entsteht mehr Verständnis für die getroffenen Entscheidungen, aber auch für ihre persönlichen Grenzen. Wir sprechen nun über nötige und sinnvolle Aktivitäten der Mitarbeiterqualifizierung.

Hätte ich den anfänglichen Arbeitsauftrag von Sabine B. (Team-Entwicklung und Verkaufstraining) unverändert angenommen, wären wesentliche Ergebnisse auf der Strecke geblieben. **Die offensichtlichsten Probleme sind nicht immer die wirklich grundlegenden Aufgaben.** Kunden merken sehr genau, wenn in einem Unternehmen Werte fehlen oder Wertekonflikte herrschen. Das sind dann oft „komische Läden", in die man nicht gern reingeht.

2.2 Sich Zeit nehmen statt Zeit zu sparen

Was Sie in diesem Kapitel erfahren:

» **Sich Zeit nehmen statt Zeit zu sparen kann vorteilhaft sein**
» **In Krisen werden Werte besonders deutlich**
» **Es ist komfortabel, in „ruhigen" Zeiten seine Werte zu ergründen**

Zeit hat für die meisten Menschen einen hohen Wert. Wenn ich aber Inhaber frage, wofür man sich in ihrem Unternehmen Zeit nehmen darf, dann schaue ich in aller Regel erst mal in ratlose Gesichter. Zeit ist Geld. Die Arbeit darf nicht viel Zeit kosten. Es ist beeindruckend und aufschlussreich, sich nur mal die Frage zu stellen, wofür man sich im Leben Zeit nimmt. Hieraus können grundlegende Werte abgeleitet werden. Mit seinem Bestseller-Roman „Die Entdeckung der Langsamkeit" hat Stan Nadolny der Schnelllebigkeit unserer Zeit ein Gegengewicht gesetzt. Seine Romanfigur paart Langsamkeit mit Beharrlichkeit und wird zum großen Entdecker innerer wie äußerer Welten. Ganz bewusst wählt der Autor die Figur eines Seefahrers der aufbricht, neue Länder zu entdecken, Abenteuer zu erleben und beim Welt-Umfahren sich selbst zu erfahren.

Krisen regen zum Nachdenken an

Viele Menschen nehmen sich Zeit um über Ihr Leben nachzudenken, wenn ihnen die Zeit knapp wird: am Ende ihres Lebens. Bei anderen sind es einschneidende Erlebnisse, die zu einem Innehalten führen: Krankheit, Unfall, Trennung, Jobverlust oder schwere Krisen im Betrieb. Diese Extremsituationen bringen die Menschen an einen unausweichlichen Punkt: sie ziehen Bilanz und werten das Vergangene. Manchmal schätzen sie die Vergangenheit erst, wenn sie entdecken, was nicht mehr sein wird. Ich finde es schade, dass manchmal diese existentiellen Erfahrungen notwendig sind, um sich mit seinen Werten auseinanderzusetzen. Für Ihren unternehmerischen Alltag ist das keine vernünftige Strategie. Wenn Sie so lange warten, bis das die Kiste bald vor die Wand gefahren ist, können sie nur noch **automatisierte Reaktionsmuster abspulen. Diese werden den individuellen Problemen meistens nicht gerecht.** Eine Wertedefinition wäre dann fehl am Platz, in akuten Krisen sind Taten gefordert. Oft genug kommt es vor, dass Unternehmensberater, Banken oder schlimmstenfalls Insolvenzverwalter die Steuerung übernehmen. Dann allerdings geht es nur noch um quantifizierbare Werte in Form von Euros. So weit muss es nicht kommen, wenn Sie sich rechtzeitig für die wichtigen Dinge Zeit nehmen. Wenn Unwichtiges dringend wird, haben Sie fast schon das Spiel verloren. Dann gehen Ihnen Handlungsoptionen verloren, weil Sie gar nicht mehr anders können als zu reagieren.

Zum Thema „Sich Zeit nehmen" finden Sie ein Arbeitsblatt im Anhang

2.2.1 Bitte nehmen Sie sich Zeit für meine Mitarbeiter, aber beeilen Sie sich!

Was Sie in diesem Kapitel erfahren:

» „Störer" sind nicht immer die Anderen
» Es gibt eine Problemzeit und eine Lösungszeit
» Es kommt darauf an, am „richtigen" Thema mit den „richtigen" Personen zu arbeiten

In diesem Fall geht es um einen Betrieb mit vier Standorten und ca. 30 Verkäuferinnen. Der Erstkontakt kommt telefonisch zustande. Die meisten Kunden wählen diesen Weg, weil er schnell und bequem ist. Und schon sind wir mitten drin im Thema. Frau W. ist zusammen mit Ihrem Mann Inhaberin der Bäckerei und verantwortlich für den Verkauf. Da sie keine Zeit gefunden hat um mit mir auf der Südback zu sprechen, hinterlässt sie bei einem meiner Kollegen eine Visitenkarte zwecks Kontaktaufnahme. In unserem Telefonat betont Frau W., dass die Hauptverkäuferinnen und Filialleiterinnen dringend im Umgang mit Stress geschult werden müssen. Gerade bei Reklamationen, die besonders oft Stressreaktionen auslösen, ist eine Schulung schnellstens nötig. Sie hätte gerade wieder selber miterlebt, wie unmöglich sich eine Verkäuferin einem Kunden gegenüber verhalten habe.

Ich versuche am Telefon zu erfahren, zu welchem Thema und bei wem Frau W. den größten Handlungsbedarf sieht, um mein Coaching-Angebot darauf abzustimmen. Ist Coaching überhaupt die richtige Beratungsform? Falls ja, ist eher ein Einzelcoaching oder ein Team-Coaching vorzuziehen? Sollte sie beim Geschäftsführungscoaching anfangen oder direkt bei den Filialleiterinnen ansetzen? Ich bitte Frau W. darum, mir ein paar weiterführende Hintergrundinformationen zu liefern. Da sie massiv unter Zeitdruck steht muss sie allerdings das Telefonat abbrechen. Meinen Vorschlag, sie zu einem vereinbarten Zeitpunkt anzurufen, schlägt sie aus. Zu schwierig sei es für sie, sich zum abgesprochenen Termin wirklich Zeit zu nehmen. Sie möchte daher von sich aus wieder bei mir anrufen.

Die nächsten drei Wochen vergehen ohne weiteren Kontakt. Dann regt sich in mir die Kraft der zwei Herzen: Das Verkäufer-Herz, das gerne mit der Kundin ins Geschäft kommen möchte. Und das Coach-Herz, das eine spannende Aufgabe wittert. Ich rufe also an, dreimal, zehnmal, x-mal. Frau W. ist nie zu erreichen. Die Verkäuferin lacht schon am Telefon, wenn Herr Lempart mal wieder dran ist. Die Stimmung dort scheint mir gut, die Dame macht einen sehr sympathischen Eindruck.

Nach weiteren vier Wochen und einer endlosen Telefon-Warteschleife habe ich Frau W. wieder am Hörer. Sie macht einen äußerst angespannten Eindruck und beklagt sich über die Nachlässigkeit der Mitarbeiterinnen. Je mehr sie kontrolliert, desto weniger würde klappen, das sei extrem frustrierend. Inzwischen hat sie mit ihrem Mann über das Thema gesprochen. Sie kann sich vorstellen, in einem persönlichen Vorgespräch die Inhalte weiter zu differenzieren. Dadurch wäre vielleicht die Hebelwirkung am größten. Ich bekräftige sie in dieser Idee und schlage vor, dass zu diesem Anlass auch ihr Mann anwesend sein sollte. Wir verbleiben so, dass ich ihr einige Termine per Email vorschlage und sie mir den passenden bestätigt. Wenige Minuten nach unserem Telefonat hat Frau W. meine Terminmöglichkeiten in ihrem Postfach.

Wieder vergehen zwei Wochen, in denen ich kein Lebenszeichen mehr von Frau W. erhalte. Aus Verkäufersicht könnte es klüger sein, aktiv nachzufassen und den Kunden sanft zum Abschluss zu führen. Als Coach beobachte ich solche Phasen der Abstinenz als wichtige Hinweise auf das Problem: Welche Verhaltensmuster werden deutlich? Wie gehe ich damit um, und welche Parallelen gibt es womöglich im Betrieb?

Inzwischen sind seit der Südback etwa zwei Monate vergangen. Ist das verlorene Zeit oder notwendige Zeit? Sicher hätte Frau W. in diesen acht Wochen schon einen Prozess anstoßen können. Aber womöglich wäre mir dann ihr Beitrag am Problem nie so deutlich geworden. Auch in diesem Beispiel zeigt sich, dass sich „Problemverhalten" sehr schnell seinen Weg sucht. Manchmal sogar schon, wenn die Zusammenarbeit offiziell noch gar nicht gestartet ist.

„Problemverhalten" sucht sich schnell seinen Weg.

In unserem dritten Telefonat vereinbaren wir meinen Besuch vor Ort. Ich freue mich auf die erste persönliche Begegnung und bin gespannt auf Frau W. in echt und in Farbe.

Mich erwartet ein sehr freundliches Ehepaar, Elke W. (55) und Andreas W. (57). Bevor wir uns zu einem Dreier-Gespräch ins Büro zurückziehen, muss Frau W. schnell noch ein dringendes Telefonat führen. Währenddessen unterhalte ich mich mit Andreas. Herr W. liefert das volle Kontrastprogramm zu seiner

Frau. Er wirkt auf mich sehr ruhig, fast schon behäbig, was sicherlich auch durch seine Körperfülle unterstrichen wird. Andreas ist stark übergewichtig. Er erzählt mir von dem vielen Stress, den seine Frau um die Ohren hat. Gott sei Dank ginge es ihm da anders. Grund dafür wäre wohl die Tatsache, dass er fast nur mit Männern zusammenarbeitet. Elke würde es sehr schwerfallen Aufgaben vertrauensvoll in andere Hände zu geben. Das läge aber sicherlich auch daran, dass die Mitarbeiterinnen sehr unselbständig wären und man alles doppelt und dreifach kontrollieren müsse. Sobald ein bisschen was zu tun wäre, würden die Damen total den Überblick verlieren.

Inzwischen ist auch Elke W. am Gespräch beteiligt und sie greift die letzte Aussage ihres Mannes auf. Um diesen Überblick wieder herzustellen, muss sie ständig vor Ort sein. Sie hat den Eindruck, dass sich die Verkaufsteams selber nicht organisiert bekommen. Sie kann aber doch nicht überall gleichzeitig sein, und außerdem hat sie ja auch noch ein Privatleben, dass dabei völlig auf der Strecke bleibt. Frau W. wirkt auf mich während des Gespräches sehr getrieben. Während unserer knapp einstündigen Unterhaltung klingelt noch zweimal ihr Telefon. Verkäuferinnen brauchen dringend Entscheidungen von ihr. So sei das üblich, sagt sie. Um aus diesem Sog herauszukommen wiederholt sie ihren Wunsch nach einer Verkäuferinnen-Schulung zum Thema „Souveräner Umgang mit Stress". Ich bekräftige Elke W. in ihrem Plan, schlage aber vor, dass wir der Schulung eine Analyse der offiziellen und inoffiziellen Spielregeln im Betrieb vorschalten. Damit konfrontiere ich sie nicht direkt mit einem Einzel-Coaching und behalte außerdem den Seminar-Wunsch im Auge.

Analyse der offiziellen und inoffiziellen Spielregeln.

2.2.2 Werte-Coaching als Klärungshilfe

Was Sie in diesem Kapitel erfahren:

» **Ordnung ist im Coaching nicht immer von Vorteil**
» **Auch Störungen haben einen Nutzen**
» **Mitarbeiter oder Chef zu sein ist eine Rolle von vielen**
» **Persönliche Veränderungen haben Strahlkraft**

Wer sollte im Coaching anwesend sein? Nur Elke W. oder auch ihr Mann Andreas? Wenn wir uns über die Spielregeln im Betrieb unterhalten wollen wäre es sicherlich sinnvoll, wenn Chef und Chefin ihren Beitrag leisten würden. So kämen ggf. Abweichungen auf höchster Führungsebene auf den Tisch. In einem späteren Schritt könnte ich diese „Ordnung" mit den Wahrnehmungen der Mitarbeiterinnen abgleichen. In diesem Fall kommt mir aber die Idee der Situationsanalyse als Hilfsmittel, um Frau W. für eine Einzelarbeit zu motivieren. Bisher habe ich den Eindruck, dass die Probleme weniger in der Zusammenarbeit der Eheleute begründet sind. Ich vermute, dass der Arbeits- und Führungsstil von Elke W. starken Einfluss hat auf die Situation in den Filialen. Damit sie möglichst großen Abstand zu allen betrieblichen Aktivitäten bekommt und wir einen Blick „von außen" darauf werfen können, lade ich sie zu einer ersten Arbeitseinheit in mein Büro ein.

Stress ist nicht gleich Stress.

Im Vordergrund steht für Frau W. nach wie vor das unprofessionelle Verhalten der Mitarbeiterinnen in Stresssituationen: Was tun, wenn das Lieblingsbrot nicht mehr da ist? Wie reagieren, wenn der Kunde etwas reklamiert? Wie organisiere ich mich, wenn der Laden voll ist? Im Hintergrund schwingt dabei ständig ihr eigener Leidensweg mit, den sie in einer Art „Retterin"- Rolle beschreitet. Elke spricht zwar nicht von ihrem eigenen Stress, betont aber immer wieder die Notwenigkeit ihres Eingreifens, Nachbesserns und Kontrollierens. Hohes Engagement muss nicht Stress bedeuten. Und Stress ist nicht gleich Stress. Was der eine Mensch als belastend erlebt kann für den anderen erst der richtige Kick sein. Insofern ist es für mich noch zu früh um einschätzen zu können, welche Qualität dieses Engagement für Elke W. hat.

Jedes Verhalten hat für den Akteur auch einen Nutzen, selbst wenn die unerwünschten Nebenwirkungen oft hoch sind. Welchen Nutzen die vielen Aktivitäten von Elke W. haben, wird sich also womöglich noch im Prozess herausstellen. Unabhängig vom Selbsterleben haben Verhaltensweisen auch eine Außenwirkung. Kommunikation wird bestimmt von den Inhalten, die beim Empfänger angekommen sind, nicht von dem was gemeint war. Insofern könnte das Eingreifen, Nachbessern, Kontrollieren, das ständige Präsentsein und die Ruhelosigkeit von Frau W. in den Köpfen der Mitarbeiterinnen ein festes Bild von Chef-Sein etablieren. Dieses Bild könnte zu darauf abgestimmten Verhaltensweisen führen: Willst Du wichtig sein, dann komme diesem Bild recht nah. Eine Alternative wäre: Wer eine Retterin hat, der darf ruhig hilflos bleiben. Sie sehen hieran, wie groß die Bandbreite der Anpassung sein kann.

Kunden, die auf andere Menschen getrieben, ängstlich oder verärgert wirken, kennen die Sprüche: Nun mach Dir mal keinen Stress. Du brauchst davor keine Angst zu haben. Mensch, ärgere Dich doch nicht. Die gut gemeinten Ratschläge helfen in den seltensten Fällen weiter. Auch Elke W. hat von ihrem Mann schon oft zu hören bekommen, mal einen Gang zurück zu schalten. Das würde sie ja gerne, aber schließlich muss sie ja Haushalt und Beruf unter einen Hut bringen. Und außerdem sieht sie auch niemanden, an den sie Arbeiten abgeben könnte. An dieser Stelle wandelt sich die Retterin-Rolle über die Klagende hin zur Opfer-Rolle. Elke W. ist Opfer des Systems „Familien-Backstube".

Von der Retterin-Rolle zur Opfer-Rolle.

Nun arbeite ich im Coaching sehr lösungsorientiert. Ziel ist es, den Kunden möglichst schnell in die Handlungsfähigkeit zu bringen. Das, was Elke W. als problematisch erlebt, soll sich durch ihr eigenes Zutun lösen. Ich bitte sie darum, Verhaltensregeln zu nennen, die den Verkaufsalltag leiten. Elke W. muss lachen. Allgemeingültige Verhaltensregeln gibt es keine, bestenfalls Notprogramme. Für die Analyse der aktuellen Situation reicht es aus, dass Frau W. die **Regeln nennt, die als Ordnungssystem in ihrem Kopf existieren.** Diese sind für die Erklärung der Schwierigkeiten oft wesentlich relevanter als Verfahrensanweisungen, die niemanden interessieren. Außerdem sind mit diesen „inneren Ordnungssystemen" auch Erwartungshaltungen verbunden. Meiner Erfahrung nach formulieren viele Führungskräfte ihre Erwartungen entweder gar nicht oder eher missverständlich. Soll-Ist-Abweichungen sind vorprogrammiert.

Elke W. hält auf Moderationskarten fest: Jeder ist verantwortlich. Ordnung und Sauberkeit am Arbeitsplatz. Freundlichkeit. Selbstsicherheit entwickeln. Sich gegenseitig unterstützen. Anpacken.

Das Festhalten der Schlüsselbegriffe auf Moderationskarten ist für Frau W. eine erste Klärung ihrer Führungsprinzipien. Ihr wird sichtbar, dass hinter den Aufforderungen konkrete Werthaltungen stehen: Verantwortung, Ordnung, Sauberkeit, Freundlichkeit, (Selbst-)Sicherheit, Unterstützung und Aktivität. Ich brauche Elke noch nicht einmal mit dem Thema Werte-Coaching bekannt zu machen. Sie steuert sich ganz von selbst in ihre Richtung.

In einem zweiten Schritt bitte ich nun Frau W. die Begriffe in eine Reihenfolge zu bringen, um die Schwerpunkte für die zukünftige Schulungsmaßnahme zu definieren. In erster Linie geht es mir allerdings darum, die persönliche Werte-Hierarchie von Frau W. kennenzulernen. Was ist bei ihr besonders dominant ausgeprägt? Meine ersten Erfahrungen mit Elke bestätigen sich. Zu den Top 3 Werten zählen: Aktivität (Anpacken), Verantwortung und Selbstsicherheit. Die anderen Stichpunkte würden sich dann mehr oder weniger als Folge daraus ergeben. Elke W. hebt hier einen wichtigen Punkt hervor: **Die besondere Betonung eines Wertes hat oft zur Folge, dass auch andere Qualitäten blühen und gedeihen können. Sofern diese nicht im Gegensatz zu den Grundwerten stehen sondern diese positiv ergänzen, profitiert ein Betrieb außerordentlich davon.**

Ich kann Elke W. davon überzeugen, dass eine weitere Arbeit an Ihren Werten einen positiven Effekt haben wird auf die Relevanz im ganzen Betrieb. Wenn sie versteht, warum gerade diese Werte für sie so eine hohe Bedeutung haben, dann werden automatische Reaktionsweisen nachvollziehbar. Sie gewinnt ein klareres Profil in Ihrer Rolle als Chefin. Wenn

Sie gewinnt ein klareres Profil in Ihrer Rolle als Chefin.

Sie die Vorteile und Grenzen von Aktivität, Verantwortung und Selbstsicherheit erkennt, dann lernt sie zielgerichteter zu führen. Sie entscheidet sich, das Einzelcoaching fortzusetzen.

In den Folgestunden stehen ihr starkes Engagement, Ihre Rolle als Retterin und das Bedürfnis nach Sicherheit im Vordergrund. Elke W. findet heraus, dass sie mit ihrem Verhalten ihre Wichtigkeit im Unternehmen betont. **Sie speist damit ihren Selbstwert und ihr Bedürfnis nach Beachtung.** Außerdem setzt sie die Menschen in ihrer Umgebung durch ihre Stress-Signale unter Druck, so dass sie damit auch in eine überlegene Machtposition kommt. Die Mitarbeiterinnen lernen: Wer wichtig ist hat Stress. Warum sollten die Verkäuferinnen also ein Interesse daran haben unwichtig zu sein? Erschwerend kommt hinzu, dass Elke W. in der Rolle der Retterin immer wieder die Verantwortung an sich reißt und damit die Mitarbeiterinnen zur Unselbständigkeit und Unsicherheit erzieht. Die sehr einseitige Deutung von Verantwortung hat hier also negative Konsequenzen. Verantwortung übernehmen bedeutet eben auch, den anderen Teil der Verantwortung dort zu lassen wo er hingehört.

Frau W. lernt, dass sie die Rolle der souveränen Chefin ausfüllen kann, ohne „künstlichen Stress" zu verbreiten. Indem sie einen differenzierten Blick auf ihre Werte wirft und daraus praktische Handlungsideen ableitet, kommt sie wieder zu innerer Macht und kann auf manipulative Machtspiele verzichten. Begleitend dazu eignet sie sich Techniken an, um in Belastungssituationen einen klaren Kopf zu behalten.

Noch während unserer Zusammenarbeit berichtet Elke W. von einer entspannteren Arbeitsatmosphäre in den Filialen. Besonders erfreuliche Rückmeldungen erhält sie auch von ihrem Mann, der sie entspannter und zugänglicher erlebt. Bei den Verkäuferinnen muss zuerst ein Umdenk-Prozess stattfinden, um die festgefahrenen Muster abzulösen. Die erlernte Hilflosigkeit wird durch ein „zurück zur Verantwortung" ersetzt.

Die erlernte Hilflosigkeit wird durch ein „zurück zur Verantwortung" ersetzt.

Wie im vorangegangenen Beispiel hätte auch hier die ausschließliche Arbeit mit den Verkäuferinnen keinen dauerhaften Erfolg versprochen. Solange die Chefin sämtliche Mitarbeiter und auch den eigenen Mann in Anspannung versetzt, kann keine Entspannung verordnet werden.

2.3 Delegieren von Führungsaufgaben

Was Sie in diesem Kapitel erfahren:

» **Meistens wird zu wenig geführt statt zu viel**
» **Je mehr Verantwortung, desto höher die Anforderung an die soziale Kompetenz**
» **Führungskräfte brauchen Reflexionsgelegenheiten**

Das Delegieren von Führungsaufgaben ist ein weit verbreitetes Phänomen. Verkaufsleitern macht es besonders Spaß, in die Rolle des „good boy" zu schlüpfen, der seinen Mitarbeitern Komplimente und Provisionen verteilt. Kritische Gespräche werden der Personalabteilung überlassen. Gerne werden auch andere Verkäufer dazu eingespannt, Kritik „bei passender Gelegenheit mal anzumerken". **Schlimmstenfalls werden Problemchen so lange ausgesessen, bis sie zu ausgewachsenen Problemen werden.** Verkäufer verkaufen eben lieber das Gute. Die Rolle des „bad boy" ist allgemein in den Führungsetagen nicht gerne gesehen. Das Vermeidungsverhalten sagt über den Vorgesetzten mindestens so viel aus wie über den Mitarbeiter. Meistens stehen ein undifferenziertes Selbstbild und ein schwacher Selbstwert dahinter.

Menschenführung ist wie das Führen einer Ehe: In guten und in schlechten Zeiten. Wenn eine Führungskraft Aufgaben delegiert, für die sie selber zuständig ist, dann liegt es entweder am Können oder am Wollen. In seltenen Fällen werden interessante, anspruchsvolle Aufgaben delegiert, damit ein Mitarbeiter an ihnen wachsen kann. Was wirklich Spaß macht bleibt in der Regel auch in den Händen der Führungskraft.

Wollen und Können bedingen sich gegenseitig. Was ich nicht will, das kann ich auch nicht (bekannt als die sich selbst erfüllende Prophezeiung). Wenn ich etwas nicht will, dann stelle ich dafür auch keine Energie zur Verfügung um es zu lernen. Warum sollte ich mir eine Kompetenz aneignen für Dinge, die mir zuwider sind? Und wenn ich tatsächlich vor Aufgaben stehe, die ich nicht bewältigen kann, dann macht es mir auch keinen Spaß. Viele Führungskräfte verlangen von Ihren Mitarbeitern, dass sie an ihren Schwächen arbeiten. Ich habe noch niemals einen Mitarbeiter erlebt, der mit großer Lust an seinen Schwächen gearbeitet hat. Und wenn er es mit Unlust tut, dann wird das Ergebnis mit hoher Wahrscheinlichkeit unterer Durchschnitt bleiben.

Je höher die Führungsposition, desto wichtiger werden die sozialen Kompetenzen. Die Fachkompetenzen treten in der Leitungsebene immer mehr in den Hintergrund. Genau diese Verschiebung ist vielen Führungskräften nicht klar. Und gerade auch in Handwerksbetrieben beobachte ich das Festhalten an alten Führungsprinzipien: „Der Chef ist der beste Handwerker." Sorry, das ist Brot von gestern.

Je höher die Führungsposition, desto wichtiger werden die sozialen Kompetenzen

Führungskräfte sind gut damit beraten, sich für die Anforderungen der Kunden und Mitarbeiter fit zu machen. Selbst in Unternehmen, die viel Wert in die Aus- und Weiterbildung ihrer Mitarbeiter legen, wird die Bildungsluft nach oben immer dünner. In den vielen Jahren meiner Coaching-Tätigkeit hat sich immer wieder bestätigt, dass die Fortbildungsaktivitäten bei steigender Hierarchie weniger werden. Verkäuferinnenschulungen gibt es gelegentlich, Verkaufsleiterschulungen gibt es selten, Chef-Schulungen gibt es gar nicht. Welcher Inhaber gibt schon zu, dass es bei ihm Schulungsbedarf gibt. Wenn überhaupt, dann doch bitte einen Unternehmensberater oder einen Coach – hier begegnet man sich auf Augenhöhe. Meine Damen und Herren: Von mir aus gerne!

2.3.1 Manchmal falle ich völlig aus der Rolle

Was Sie in diesem Kapitel erfahren:

» **Mit Rollen sind auch Erwartungen verbunden**
» **Probleme erfordern ein Um-Denken**

Eine besonders schöne Aufgaben ist es, meine Kunden in eine andere Art von Alltag zu „verrücken". Im Coaching geht es um Perspektivwechsel. Führungsmuster sollen erkannt und infrage gestellt werden. Sind sie wirklich zielführend, oder gibt es eine Abkürzung zum gewünschten Ziel? Welche unerwünschten Nebenwirkungen fallen an, wenn an den bekannten Verhaltensweisen festgehalten wird? Was geht verloren, wenn ich es anders mache? Innerhalb der Rolle lässt sich gut am Verhaltensrepertoire feilen und die Wirkungen sind oft überraschend erfolgreich. Andererseits sind manche Aufgaben fest mit einer Rolle verbunden.

Die Rollenerwartungen der Mitarbeiter sind mindestens so anspruchsvoll wie die Erwartungen der Führungskraft an das Personal. **Meiner Erfahrung nach wird eher zu wenig als zu viel geführt.**

Diesmal bin ich in einem Betrieb mit 36 Filialen unterwegs. Und auch in diesem Unternehmen geht es darum, die Mitarbeiterinnen zu schulen. Der Erstkontakt erfolgt telefonisch. Herr T. hat durch unseren Außendienst erfahren, dass ich Coachings und Mitarbeiterschulungen anbiete. Christian T. möchte die Verkäuferinnen zum Thema „Beratung und Zusatzverkauf" qualifizieren. Er verspricht sich davon eine höhere Kundenzufriedenheit, mehr Umsatz und bessere Erträge durch seine profitablen Produkte.

Herr T. führt das Unternehmen schon seit über dreißig Jahren, nachdem er es von seinen Eltern übernahm. Gerade in den letzten zehn Jahren war er sehr auf Wachstum ausgerichtet und hat viele zusätzliche Filialen eröffnen. Mit dem heutigen Niveau hat er eine Größe erreicht, an der er gerne festhalten möchte. Diese Meinung teilt auch seine Frau. Frau T. kümmert sich im Unternehmen um die Bereiche Finanzbuchhaltung und Verwaltung. Da Herr T. sowohl Produktions- als auch Verkaufsleiter in Personalunion ist, baut er in seinem Führungsalltag auf einige besondere Leistungsträger, die ihn unterstützen. Diese Mitarbeiter sind ihm sehr loyal verbunden und auch schon seit vielen Jahren im Unternehmen, so dass es zu ihnen fast familiäre Verbindungen gibt.

Das Thema Mitarbeiter-Schulungen stand bei ihm schon öfters auf der Tagesordnung. Er hat den Eindruck, dass es einfach am Willen der Verkäuferinnen mangelt neues Wissen umzusetzen und beizubehalten. Gelegentlich hatte er auch schon Verkaufstrainer im Hause. Vielen von denen würde es aber nicht gelingen, die Mitarbeiterinnen wirklich zu erreichen bzw. von der Notwendigkeit der Veränderung zu überzeugen. Herr T. sendet mit dieser Feststellung indirekt die Botschaft an mich: Streng Dich an, sonst kannst Du Dich hier einreihen. Da wir noch beim Kennenlernen sind, spare ich mir eine Anmerkung für später auf.

Christian hat auch selbst schon die Aufgabe des Schulens übernommen. Eine Zeit lang hat er sogar alle paar Monate die Filialleiterinnen zusammengerufen und zu verschiedenen Schwerpunktthemen geschult: Produktberatung, Hygiene oder Warenpräsentation waren solche Themen. Allerding hat er diese Regelmäßigkeit wieder fallen gelassen. Die Inhalte haben immer nur sehr kurz nachgewirkt. Bereits nach wenigen Tagen war wieder „alles beim Alten". Diese Anmerkung beinhaltet eine sehr schöne Doppelbotschaft: Die Mitarbeiterinnen sind bei ihren alten Mustern geblieben und die Arbeit wurde an „den Alten" (Christian T.) zurückdelegiert. Sie sehen hieran sehr schön, wie gut sich eine Organisation selbst stabilisieren kann. Solange Herr T. mehr vom Selben macht (also immer wieder die gleichen Strategien anwendet), ändert sich mit großer Wahrscheinlichkeit gar nichts. Auch mit seinem erneuten Vorstoß greift er auf bekannte Lösungsmuster zurück:

Organisation selbst stabilisieren

Aufgrund der festgefahrenen Situation hält er es für dringend erforderlich, dass ein externer Fachmann die Inhalte „Beratung und Zusatzverkauf" rüberbringt, und zwar so, dass sie auch nachhaltig in den Köpfen wirken. Inhaltlich sind es doch eigentlich Selbstverständlichkeiten um die es geht. Aber offenbar sei der Prophet im eigenen Lande nichts wert. Hier liefert mir Herr T. das schöne Stichwort für ein Werte-Coaching.

Ich schlage Christian T. vor, dass wir uns zur Vorbereitung auf eine Schulung zuerst die vorangegangenen Maßnahmen näher anschauen. Dadurch wird es möglich, Wiederholungsfehler zu vermeiden, Gutes zu verstärken und Alternativen zu entwickeln.

Probleme können niemals mit derselben Denkweise gelöst werden, durch die sie entstanden sind. In mir reift der Verdacht, dass die „gut gemeinten" Maßnahmen der Vergangenheit, das Schleifen-Lassen bei den Mitarbeiterinnen und die Rolle von Herrn T. sehr eng miteinander zusammenhängen. Ohne den Titel Führungskräfte-Coaching zu verwenden starten wir in den Arbeitsprozess.

2.3.2 Werte-Coaching als Klärungshilfe

Was Sie in diesem Kapitel erfahren:

» **Persönlichkeit und Führung sind Stilfragen**
» **Werten heißt Gewichten**
» **Jeder Führungsstil verursacht Gewinne und Kosten**
» **Coaching ist keine Expertenberatung**

Persönlichkeitsstil und Führungsstil hängen eng miteinander zusammen. Auch Coaches denken in Modellen, um komplexe Situationen zu vereinfachen und handhabbar zu machen. Ich formulierte mir daher erste Vermutungen über den Führungsstil von Herrn T. Die Art und Weise wie jemand spricht und sich dadurch seine Wirklichkeit schafft gibt interessante Einblicke in seine Denkgewohnheiten. Die Bündelung von Zuständigkeiten, die Übernahme von sehr viel Verantwortung, das Erwarten von Loyalität und eine Vater ähnliche Cheffigur erinnern mich an einen Patriarchen. Er konzentriert umfängliche Macht und beteiligt die Mitarbeiter nur in Ausnahmefällen an Entscheidungsprozessen.

Der patriarchalische Führungsstil ist nicht mehr zeitgemäß, wird aber in vielen Familienunternehmen noch gelebt, vor allen Dingen in der Landwirtschaft und im Handwerk. Obwohl sich Christian T. technisch und optisch einen modernen Betrieb aufgebaut hat, führt er seine Bäckerei in der althergebrachten Familientradition.

Um meine Vermutung zu untermauern bitte ich Herrn T. anhand von vorbereiteten Wertekarten eine Gewichtung vorzunehmen.

Ich habe auf Moderationskarten unterschiedliche Schlüsselbegriffe notiert, aus denen Christian nun solche auswählen soll, die ihm besonders wichtig für seinen Führungsalltag erscheinen. Tatkraft, Wertschätzung, Verantwortung, Kompetenz, Loyalität und Erfolg wählt er sich aus. Solche Begriffe vermitteln leicht das Bild einer idealen Führungskultur, denn in der Regel werden damit positive Erfahrungen verbunden. Aber als Coach habe ich die Erfahrung gemacht, dass jedes Ding seine zwei Seiten hat. Oft gibt es Teilnehmer in Organisationen, die einen besonderen „Gewinn" aus der aktuellen Situation ziehen. Dieser Gewinn führt dann dazu, dass Veränderungsprozesse ausgebremst werden, bewusst oder unbewusst. In unserem Fall suche ich Antworten auf folgende Fragen: Wer gebraucht seine Kraft (oder Macht) um tätig zu werden und wozu setzt er sie ein? Wer erbringt wem Wertschätzung, und wer fordert diese ein? Wer übernimmt Verantwortung, und wer gibt sie ab? Wer bestimmt, welche Kompetenzen gebraucht werden und wie der Weg dorthin ist? Wer fühlt sich wem verpflichtet? Was bedeutet Erfolg in diesem Unternehmen?

Wer fühlt sich verpflichtet?

An der Beantwortung dieser Fragen arbeitet Christian T. mehrere Arbeitseinheiten lang. Die Antworten liefern ihm wertvolle Hinweise darauf, wie die Zusammenarbeit im Hause funktioniert oder eben nicht funktioniert. Mehr und mehr entwickelt sich unsere Zusammenarbeit von der Schulungsvorbereitung hin zum Chef-Coaching. Christian tauscht sich über seine neuen Erfahrungen auch mit seiner Frau aus und entwickelt ein immer größeres Interesse an den Wechselwirkungen in seinem Betrieb. Dabei ist es beim „väterlichen Persönlichkeitsstil" wichtig, dass die Begegnung auf einer gemeinsamen Ebene stattfindet und der Chef nicht in die Rolle des kleinen, dummen Jungen gedrängt wird. Die Gefahr ist sonst groß, dass die Zusammenarbeit vom Kunden vorzeitig beendet wird.

Der patriarchalische Führungsstil hat durchaus Vorteile. Und diese Vorteile hatte Christian T. in der Vergangenheit genutzt, um seinen Betrieb erfolgreich zu entwickeln: schnelle Reaktionsmöglichkeiten vor allem in schwierigen Zeiten, umfassende Informationen und Abhängigkeitsverhältnisse, die einseitig Macht festigen und dadurch das Selbstbild und den Selbstwert stabilisieren.

Die Kosten dieses Führungsstils sind hoch. **Viele Chefs verzetteln sich in Nebensächlichkeiten, weil sie überall ihre Finger drin haben wollen.** Das ganze Unternehmen (oder ein Verantwortungsbereich) steht und fällt mit dieser einen Person, sie ist extrem wichtig und unentbehrlich. Herr T. reklamierte zu Beginn, dass seine Mitarbeiterinnen nach Schulungen sehr schnell wieder in alte Muster zurückfallen. Gibt es dafür auch eine Erklärung aus seinem Führungsverhalten?

Kleine Napoleons in der Führung verkennen oft die bereits vorhandenen Kompetenzen der Mitarbeiter. Da sie dazu tendieren, alles an sich zu reißen, bleiben wichtige Fähigkeiten einfach ungenutzt. Allerdings wird die Perspektive oft verdreht: Ich muss alles machen, weil die nichts können. Wenn dann Mitarbeiterinnen in die Bedarfsplanung und Auswahl von Maßnahmen nicht eingebunden werden, sind Fehlentscheidungen kaum zu vermeiden. Da Patriarchen Gehorsam, Anpassung und Disziplin verlangen, reagieren Mitarbeiter mit Widerstand. Motivation und die Selbständigkeit der Mitarbeiter nehmen ab. Langsam wird deutlich, wie sich die unbefriedigende Schulungs-Situation bei

Herrn T. so gut stabil halten kann. Je weniger die Mitarbeiterinnen funktionieren, desto stärker greift Christian T. auf seine vertrauten Verhaltensweisen zurück.

In den Folgestunden geht es daran, die Vorteile seines Führungsstiles zu sichern und die Nachteile durch alternative Strategien zu vermeiden. Eine besondere Bedeutung bekommt dabei die praktische Anwendbarkeit im Alltag. Führungskräften ist nicht damit gedient, schöne Worte auf Spruchbändern über der Türe zu verewigen. Herr T. ist ein Macher und daher bauen wir auch ganz praktische Trainingseinheiten in das Coaching ein.

Es dauert etliche Wochen, bis Christian T. tatsächlich erste Erfolge im Unternehmen beobachten kann. Anfangs fällt es ihm schwer, die alten Führungsmuster durch neue Verhaltensweisen zu ersetzen. Coaching ist keine Zauberei, und manche Veränderungen brauchen Zeit. Inzwischen beobachtet er jedoch bei seinen Mitarbeiterinnen einen Wandel: Getroffene Vereinbarungen werden besser umgesetzt und beibehalten. Weil er nicht ständig nachhalten muss schafft er sich neue Kapazitäten für die Produktentwicklung und das Marketing. Seine Weiterentwicklung wird auch in anderen Unternehmensbereichen zur Kenntnis genommen. Die Mitarbeiter in der Produktion entwickeln mehr Zutrauen und sind wesentlich innovativer im Erfinden eigener Lösungen. Die Damen in der Verwaltung finden es angenehm, nun auch öfter Herrn T. zu Gesicht zu bekommen (patriarchalische Chefs haben aufgrund ihrer väterlichen Ausstrahlung oft eine Attraktivität auf Frauen). Lediglich Frau T. hat eine Kleinigkeit zu kritisieren: Christian fragt jetzt häufiger nach ihrer Meinung, das würde sie manchmal unter Druck setzen. O.k., allen kann ich es als Coach natürlich nicht recht machen. Wäre ich in die Experten-Position gesprungen wie von Herrn

T. gewünscht, hätte sich das Problem weiter festigen können. Ich wäre wieder einer dieser „Klugscheißer" gewesen, die alles besser wissen aber keine Ahnung haben von dem, was wirklich gebraucht wird. **Schnelle Antworten sind nicht immer gute Lösungen.** Manche Trainer und Coaches lassen Führungsaufträge an sich delegieren und bringen den Vorgesetzten um eine wichtige Lernerfahrung. Ich habe auch schon erlebt, dass die wenige Akzeptanz, die eine Chefin in der Belegschaft hatte, durch die Hinzunahme eines Trainers noch weiter ausgehöhlt wurde. Zukünftig, so die Erkenntnisse der Mitarbeiterinnen, brauchen wir nicht mehr die Chefin zu fragen, sondern gleich jemanden, der Ahnung hat.

2.4 Offizielles und inoffizielles Führen

Was Sie in diesem Kapitel erfahren:

» **Inoffizielle Regeln sind ein kraftvolles Band**
» **Regeln sind in Verhalten übersetzte Werte**
» **Es gibt inoffizielle Führung**

Meistens sind es die inoffiziellen Regeln, die in einem Betrieb den Alltag bestimmen. Offiziell darf hier jeder seine Meinung äußern. Inoffiziell sollte man sich aber besser bedeckt halten, weil man es sonst garantiert bei nächster Gelegenheit auf's Brot geschmiert bekommt. Werden deswegen so viele Brote gebacken?

In manchen Ehen hat zwar der Mann die Hosen an, aber die Frau sagt wo es lang geht. Im Unterschied zur Ehe sind die Funktionen im Unternehmen klar verteilt, Zuständigkeiten und Kompetenzen sind geregelt, wenigstens offiziell. Vielleicht sollte ich besser sagen: sie sollten geregelt sein. Nicht einmal diese Anforderungen sind in allen Betrieben geklärt. **Ich war schon in Bäckereien, da wusste selbst der Chef nicht, ob es eine Filialleitung gibt.** Das ist bitter. Ich weiß gar nicht was einfacher zu handhaben ist: ein Betrieb, in dem es gänzlich an Strukturen fehlt oder ein Betrieb, der zwar offene Regeln und klare Funktionsträger hat, der aber durch inoffizielle Regeln und Führer völlig durchlöchert ist.

Regeln sind in praktisches Verhalten übersetzte Werte. So könnte der Wert „Kommunikation" übersetzt werden in „Bei uns darf jeder seine Meinung äußern" oder „Wir bringen die Dinge auf den Punkt" oder „Wir wählen den direkten Weg". Der Wert „Zuverlässigkeit" sagt wenig aus über das damit erwartete Verhalten. Die praktische Umsetzung erfolgt durch gelebte Handlungen. Das ist so ähnlich wie bei einem Vorstellungsgespräch. Wenn mich ein Bewerber damit beeindrucken will, dass er teamfähig und kommunikationsstark ist, dann möchte ich von ihm wissen, was für einen Beitrag er konkret im Team leistet und wie er kommuniziert. Am besten soll er mir seine besonderen Qualitäten anhand von Beispielen deutlich machen. Dann kommt Leben in die Bude.

Es gibt offene und verdeckte Regeln, und es gibt offizielle und inoffizielle Führung. Letzteres ist Thema bei meinem nächsten Kunden. Inoffizielle Führer können Drahtzieher sein, eine graue Eminenz oder auch ein guter Geist. Sie üben eine große Macht aus und bestimmen oft zu weiten Teilen die Entscheidungen. Inoffizielle Regeln und Führer sichtbar zu machen, ohne ihre Sinnhaftigkeit komplett infrage zu stellen, ist eine wichtige Aufgabe im Coaching. Durch das Bewusstwerden solcher verdeckter Ordnungssysteme kann eine Führungskraft ganz neue Handlungsspielräume erschließen und sich selbst klarer positionieren lernen.

2.4.1 Eigentlich ist sie die Chefin

Was Sie in diesem Kapitel erfahren:

» **Mitarbeiter füllen sich ein Führungsvakuum**
» **Jeder Mitarbeiter ist motiviert, fragt sich nur wofür?**
» **Beziehungsklärung geht vor Sachklärung**

In manchen Unternehmen gibt es interne Machtkämpfe um Führungsrollen. Das kann innerhalb von Teams sein oder auf Führungsebene. Machtspiele finden auch zwischen Eheleuten statt, die den gemeinsamen Betrieb leiten. In diesen Fällen kommt erschwerend hinzu, dass das Führungsverhalten deutlich geprägt wird durch die Privatsphäre.
In den meisten Fällen kommt es zu rivalisierenden Machtkämpfen. Ein Mitarbeiter ist zum Beispiel der Meinung, er hat Anspruch auf die Führungsrolle und wurde in seiner Eignung verkannt oder ein anderer wurde bewusst bevorzugt. Das kann sehr destruktive Auswirkungen auf die Betriebsabläufe haben, indem zum Beispiel Anweisungen boykottiert werden. Fraktionsbildung gehört ebenso zu den klassischen Auswirkungen unklarer Rollenverteilungen. Sympathisanten schlagen sich in das eine oder andere Lager. Manchmal scheint ein Großteil der Unternehmensenergie in Widerständen und Kleinkriegen verloren zu gehen.

Ein verbreiteter Fall von inoffizieller Führung tritt ein, wenn sich Mitarbeiter aufgrund eines Führungsvakuums einen Stellvertreter suchen müssen. Solche führungsleeren Räume entstehen, wenn ein Vorgesetzter für seine Mitarbeiter nicht erreichbar ist. Das kommt in vielen Bäckereibetrieben vor. Der Chef ist so mit der Organisation beschäftigt, dass er die Bedürfnisse der Mitarbeiter aus den Augen verliert. Die Chefin eilt von Filiale zu Filiale um ständig präsent zu sein und nach dem Rechten zu sehen. Nur, wenn sie mal gebraucht wird, ist sie nicht erreichbar. Selbst per Telefon ist die Chance fast null. Ein Führungsvakuum entsteht ebenfalls, wenn die Leitung wichtige Führungsaufgaben nicht wahrnimmt: Präsent sein, Entscheidungen treffen, Anerkennung spenden, Leitbilder entwerfen usw.

Verlockend: Die Übernahme inoffizieller Führungsrollen

Dann ist es für die Mitarbeiter eine Art Überlebensstrategie, sich eine alternative Kontaktstelle zu suchen. Manche Mitarbeiter sind prädestiniert für die Übernahme solche inoffiziellen Führungsrollen. Sie waren vorher oft schon sehr beliebt, engagiert oder fielen auf durch ein besonders überzeugendes, souveränes Auftreten. Sie haben sich als „Ersatzmann" gar nicht aufgedrängt, sondern sind „irgendwie" in dieser Rolle gelandet.

Bei unserem Backbetrieb handelt es sich um einen kleinen Filialisten mit sieben Geschäften. Die Lebendigkeit allerdings ist in diesen Läden meistens ähnlich hoch wie in Großunternehmen mit über einhundert Filialen. Chef und Chefin sind überall und nirgendwo. Eben waren sie noch im Büro, jetzt stehen sie schon wieder am Backofen oder in einer Filiale. Die Mitarbeiter können ein Lied davon singen, wie turbulent doch die Zeiten sind.

Karin V. spricht mich auf der Messe an, weil sie in einigen Ihrer Filialen eine Teambildungsmaßnahme einleiten möchte. Sie ist der Meinung, dass durch eine bessere Zusammenarbeit der Damen sowohl die Motivation als auch die Verkaufserfolge steigen können. Sind denn die Mitarbeiterinnen zu wenig oder gar nicht motiviert? Diese Frage ist für Frau V. schon recht schwierig zu beantworten, da es dafür keine pauschale Erklärung gibt. Was sie allerdings merkt ist, dass die Ergebnisse der Filialen doch stark voneinander abweichen. Das kann sie nicht nur auf den Standort zurückführen, sondern es liegt ihrer Meinung nach auch an der Stimmung im Team. In den Filialen, die besonders betroffen sind, gab es in den letzten Monaten viel Personalwechsel, so dass sich die Gruppen erst zusammenfinden müssen.

Wir klären zusammen, mit welcher Besetzung Frau V. gerne den Prozess starten möchte. In Betrieben, die Schulungsmaßnahmen in den laufenden Verkauf einbinden möchten, ist die Organisation nicht immer ganz einfach. Die Komplett-Räumung einer Filiale können sich die Inhaber nicht leisten, und nur das halbe Team zu begleiten macht bei einer Teambildungsmaßnahme wenig Sinn. Wir finden daher eine Lösung, indem wir die Veranstaltung auf einen Sonntag legen. Da die Öffnungszeiten sonntags verkürzt sind, kann die betroffene Filiale durch Personal aus anderen Läden und Springerinnen betrieben werden.

Wenn Teambildungen gewünscht werden, ist nicht immer gesagt, dass das Team diesen Bedarf ähnlich sieht. Daher halte ich es für notwendig, die unterschiedlichen Wahrnehmungen von Führungskraft und Mitarbeiter gegenüberzustellen. Für so eine Bestandsaufnahme ist eine Auftaktveranstaltung sehr sinnvoll. Ich bekomme etwas von der Atmosphäre in der Belegschaft mit und ich kann mir ein besseres Bild davon machen, ob

eine Teambildung wirklich eine sinnvolle Maßnahme ist.
Bei unserem Treffen möchte ich von den Mitarbeiterinnen wissen, ob sie den Tagesschwerpunkt eher in der fachlichen Qualifikation oder in der Klärung von Arbeitsbeziehungen sehen möchten. Zehn von zwölf Anwesenden (elf Frauen und ein Mann) stimmen in einer verdeckten Abstimmung für die Arbeit an den Beziehungen. Damit liegt die große Mehrheit bei der Einschätzung von Karin V., dass es um „Menscheleien" gehen sollte.

Im Tagesablauf stellt sich immer mehr heraus, dass die Mitarbeiterinnen ein zentrales Problem haben: Die Chefin ist eigentlich nie da, wenn man sie braucht. Dadurch kommt es oft zu erheblichen Störungen im Arbeitsablauf. Frau V. betont zwar immer wieder, dass die Mitarbeiterinnen doch eigenverantwortlich entscheiden sollen, niemand würde für einen Fehler bestraft. Aber es gibt eben immer wieder Situationen, da ist die Chefin gefragt – oder deren inoffizieller Ersatz.

Mitarbeiter suchen nach Ersatzbefriedigung, wenn sie ein Mangelbedürfnis empfinden. So ein Mangelbedürfnis kann Abwechslung, Anerkennung oder auch Führung sein. Die Suche nach Ersatz ist gelegentlich ganz kreativ, und diese Kreativität könnte wesentlich erfolgreicher im Unternehmen eingesetzt werden, wenn der Leitungsrahmen klar wäre. In diesem Fall schwingt sich die Schulungsrunde auf Frau M. ein, eine Art „heimliche Majestät". Selbst die beiden Auszubildenden betonen, eigentlich sei ja Frau M. die wirkliche Chefin: immer ein offenes Ohr, stets für diew Sorgen und Nöte der Mitarbeiterinnen da und immer zur Stelle, wenn wieder mal glühende Kohlen aus dem Feuer geholt werden müssen. Während des gesamten Tagesverlaufes beobachte ich, wie sich die Mitarbeiter immer wieder Rückmeldungen bei Frau M. holen. In einem Pausengespräch erzählt mir Frau M., dass sie schon seit Jahren in dem Betrieb tätig ist. Für viele Mitarbeiterinnen ist sie zentrale Anlaufstelle, wenn wieder irgendetwas schief gelaufen ist. Sie arbeitet als Springerin und ist daher auch allen Kolleginnen gut bekannt. Frau M. erfüllt gute Voraussetzungen für eine inoffizielle Führung.

2.4.2 Werte-Coaching als Klärungshilfe

Was Sie in diesem Kapitel erfahren:

» **Jede Situation hat Vor- und Nachteile**
» **Wertekonflikte wirken lähmend**
» **Transparenz wirkt problemlösend**

Bei Mitarbeiter-Seminaren ist die Nachbearbeitung genauso wichtig wie die Vorbereitung. In diesem Fall bekommt das anschließende Reflexionsgespräch mit Karin V. sogar eine außerordentlich hohe Bedeutung: Der Arbeitsauftrag muss überdacht bzw. ergänzt werden. Frau V. ist einerseits von der Heftigkeit der Mitarbeiter-Reaktionen überrascht, andererseits ist die Under-Cover-Rolle von Frau M. für sie keine Neuigkeit. Sie hat schon oft wahrgenommen, dass viele Mitarbeiter gerne auf Frau M. zugehen und sie um Hilfe fragen. Karin empfindet das als große Entlastung und toleriert deshalb auch Kompetenzüberschreitungen – auf jeden Fall, so lange alles gut läuft. Außerdem: Was muss man denn überschreiten, wenn gar keine Grenzen gesetzt oder Kompetenzen geklärt sind?

Zuerst arbeiten wir heraus, welche konkreten Vorteile Karin V. durch die inoffizielle Stellvertreterrolle von Frau M. gewinnt. Und was würde es bedeuten, wenn Frau M. auch ganz offiziell diese Funktion übernimmt? Was ändert sich, wenn Frau M. ab sofort nur noch „eine wie alle" ist? Diese Gegenüberstellungen lassen sich sehr gut in einer Art Gewinn-und-Verlust-Rechnung abbilden: Was sind die Vor- und Nachteile, wenn alles bleibt wie es ist? Was sind die Vor- und Nachteile, wenn sich die Situation ändert?

Meistens sind die Ergebnisse aus Frage zwei die Umkehrungen der Antworten zu Frage eins. Wenn also zum Beispiel Frau M. weiterhin die inoffizielle Führungsrolle übernimmt, dann gewinnt Karin V. mehr Freiraum für andere Tätigkeiten. (Interessant ist hier die Frage, wofür „gewonnene" Zeit eingesetzt wird. Hier werden Werte sehr gut deutlich!) Nachteilig ist, dass Frau V. von vielen wichtigen Informationen nichts mehr erfährt. Verlässt aber Frau M. die inoffizielle Führungsrolle, dann bekommt Frau V. zwar wieder mehr Informationen, befürchtet aber auch zusätzliche Arbeit. Was für ein Dilemma!

Wofür wird „gewonnene" Zeit eingesetzt?

Was also ist Karin V. besonders wertvoll? Welche Vorteile haben ein besonders hohes Gewicht, und welche der beiden Bilanzen bekommt dadurch ein Übergewicht? Wie können die Vorteile erreicht werden und die Nachteile minimiert? Ist es tatsächlich so, dass mehr Eingebundensein, umfassendere Informationen und höhere Präsenz zu mehr Arbeit führen müssen? Hinter dieser Wenn-Dann-Funktion steht ja eine Erfahrung, die wahrscheinlich großen Einfluss auf das taktische Vorgehen von Frau V. hat.

Karin V. sind folgende Werte besonders wichtig: Selbständigkeit, Entscheidungsfreude, Informationsfluss und Verständnis. Bei Verständnis betont sie ausdrücklich, dass sie damit auch Rücksichtnahme meint. Sie kann nicht immer und überall zur gleichen Zeit sein. Die Mitarbeiterinnen müssen einfach verstehen, dass manche Dinge eben nicht sofort klappen. Oder sie müssten bereit sein, eigenverantwortlich Entscheidungen zu treffen.

Am Beispiel von Frau V. wird sehr schön deutlich, **dass manche Führungskräfte in ihren Wertekonflikten gefangen sind.** Wenn sie das eine haben wollen, müssen sie auf das andere verzichten (so auf jeden Fall ihre Überzeugung.) Oder sie möchten möglichst alles erfüllt sehen und warten daher auf die „eierlegende Wollmilchsau", was letztlich in der totalen Überforderung mündet. Damit Karin nicht in diesem Konflikt hängenbleibt, gehen wir ganz praktisch vor. Frau V. erarbeitet sich zuerst kurzfristig zu realisierende Maßnahmen, die ihre Erreichbarkeit und Vor-Ort-Präsenz steigern. Dazu gehören zum Beispiel feste Telefonzeiten und konkrete Einsatzpläne in den Filialen.

Manche Pläne sind allerdings nur dafür gut, um sie recht schnell wieder über den Haufen zu werfen. Das ist in etwa so wie bei den guten Vorsätzen. Damit das nicht passiert, wird Karin V. in den Filialen Teamleitungen etablieren. Da sie noch keine Idee hat, wer dafür infrage kommen könnte, möchte sie sich darüber genauer Gedanken machen. Dazu sucht sie auch das Gespräch mit Frau M.

In einem dieser Gespräche stellt sich heraus, dass Frau M. große Lust hat, in eine neue Filiale zu wechseln und dort als festes Teammitglied zu arbeiten. Dort kann sie sich auch die Übernahme der Teamleitung sehr gut vorstellen. Die Tatsache, dass hier plötzlich auch andere Mitglieder des Systems in Bewegung kommen, ist ein schönes Zeichen für den entstandenen Veränderungsstau.

Durch die Vergabe offizieller Rollen und Kompetenzen bestätigen sich Karins Befürchtungen nicht. Im Gegenteil: Durch regelmäßig einberufene, kurze Leitungsgespräche ist sie wesentlich besser und kompakter über die Filialen informiert. Sie stellt außerdem fest, dass ihr Wort als Chefin wieder deutlich mehr Gewicht bekommt, weil es keine Zweiteilung mehr gibt. Trotz aller positiver Ergebnisse bleibt bei Karin V. noch eine ganze Zeit die **Gefahr, wieder in alte Muster zurückzufallen.** Die unterschwelligen Bedürfnisse nach Wichtigkeit und Anerkennung lassen sich nicht einfach per Schalter ausknipsen, sondern wirken oft lang und intensiv nach. Im Coaching macht Frau V. die Erfahrung, dass sie diese Bedürfnisse auch auf eine direktere Weise befriedigen kann, ohne sich in Machtspielen zu verstricken.

Wir vereinbaren, dass wir mit dem Teambildungs-Prozess in der Filiale mit dem größten Personalwechsel starten. Dabei wird dann auch die neue Teamleiterin ihre Rolle einnehmen. Wir starten mit einer Auftaktveranstaltung aller sieben Teamleiterinnen inklusive Karin V.

Im späteren Prozessverlauf erfahre ich, dass die Mitarbeiterinnen mit der neuen Lösung ebenfalls sehr zufrieden sind. Das Zusammenspiel funktioniert besser, Rücksichtnahme und Informationsfluss haben auch in den Teams einen höheren Stellenwert eingenommen.

Zum Thema „Wertekonflikte" finden Sie ein Arbeitsblatt im Anhang

2.5 Dran bleiben, damit es Wert hat

Was Sie in diesem Kapitel erfahren:

» **Gute Mitarbeiter sind der Wettbewerbsvorteil der Zukunft**
» **Lernen gelingt durch Wiederholung**
» **Nicht immer sind Schulungen das Mittel der Wahl**

Das Institut der Deutschen Wirtschaft (IW) hat in seiner Weiterbildungserhebung 2014 einige Gründe zusammengefasst, warum Unternehmen nicht in Fortbildung investieren. Zu den Top 3 gehören:

1. *Es gibt keinen Weiterbildungsbedarf (51%)*
2. *Die Freistellung der Mitarbeiter ist unmöglich (44%)*
3. *Interne Kapazitäten für die Planung und Organisation reichen nicht (44%)*

Mehrfachnennungen waren möglich, so dass sich hier ein Wert über 100% ergibt.

Alle Begründungen sind mir in meiner Tätigkeit schon mehrfach begegnet. Hinter jedem Grund steht ja eine Festlegung:

1. Die Qualifizierung der Mitarbeiter reicht aus, um meinen Qualitätsanspruch zu erfüllen.
2. Zur Freistellung der Mitarbeiter gibt es keine Alternative.
3. Ich stelle keine Kapazität für die Planung zur Verfügung. Daher entscheide ich mich gegen eine Fortbildung.

Hinter jeder Entscheidung steht ein Wert, der für den Chef aktuell höher ist als der Wert einer Fortbildung. Manchmal macht es absolut Sinn, eine Qualifizierungsmaßnahme zurückzustellen und andere Schwerpunkte zu setzen. Ein Unternehmen, das kurz vor der Insolvenz steht, benötigt sichere andere Maßnahmen als ein erfolgreicher Backbetrieb mit guten Erträgen. Hier ist akute Krisenintervention geraten, die wenig Wahlfreiheit lässt. Vorausschauende unternehmerische Entscheidungen hätten schon viel früher getroffen werden müssen. **Qualifizierte Mitarbeiter sind nicht alles, aber ohne gute Mitarbeiter ist alles nichts.**

Veränderung erfordert Wiederholung. Machen Sie den Selbstversuch: Wie oft ist es Ihnen schon gelungen, durch den Besuch einer einzigen Veranstaltung dauerhaft nachwirkende Verhaltensänderungen zu verankern? Oft kommen die Leute aus den Veranstaltungen, sind mehr oder weniger begeistert und machen dann am nächsten Tag weiter wie bisher. Der Unterhaltungswert eines Seminars wird zum großen Teil durch den Referenten bestimmt. Auch Lehr- und Erfahrungswerte werden durch ihn angeboten. Aber der Transfer und die Beibehaltung im Alltag wird ausschließlich durch den Teilnehmer bestimmt. Wenn es dann bei nur einer einzigen Veranstaltung bleibt, ist die Wahrscheinlichkeit, dass alles bleibt wie gehabt, nahezu hundert Prozent!

Immer wieder treffe ich auf Chefs, die einen Zauberer brauchen und einen Seminarleiter engagieren. Sie erwarten, dass sich durch einen Workshop die Mitarbeiter verbessern. Im Idealfall sollte das Seminar auch nur einen halben Tag dauern, damit die Leute schnell wieder ans Arbeiten kommen. Workshops sind ja eher pausenähnliche Bastelstunden mit Entertainment-Charakter. Wenn Sie als Chef tatsächlich die Notwendigkeit erkannt haben, in die Qualität Ihrer Mitarbeiter zu investieren, dann sprechen Sie mit Ihrem Coach einen längerfristigen und zielgruppengerechten Schulungsplan durch. Dieser kann ganz unterschiedliche Formate enthalten: Coaching, Training, Team- oder Organisationsentwicklung. All diese Maßnahmen sind aber prozessorientiert, also auf eine längerfristige Zusammenarbeit ausgelegt.

Einmal-Veranstaltungen können zwar sinnvolle Impulsgeber sein, Denkanstöße liefern oder auf die Notwendigkeit von Qualifizierungsmaßnahmen hinweisen, nachhaltigen Änderungseffekt haben sie leider keinen. Bitte behalten Sie das im Auge bei Ihren zukünftigen Planungen. **Schulungen sind gut. Kluge Schulungen sind wertvoller!**

2.5.1 Wir müssen da vorübergehend unterbrechen

» Was Sie in diesem Kapitel erfahren:
» Coaching stellt die Persönlichkeit in den Mittelpunkt
» „Fraktionszwang" ist oft ein Hinweis auf Kommunikationsstörungen
» Die heißen Eisen liegen oft unter der Oberfläche

Personalentwicklung ist Persönlichkeitsentwicklung. Wer als Chef die Absicht verfolgt, durch Coaching einen Mitarbeiter besser zu „funktionalisieren", der ist mit diesem Beratungsangebot gerade nicht gut beraten. Coaching trägt dazu bei, dass sich Mitarbeiter in ihrer Persönlichkeit und mit ihren Stärken besser entfalten können. Ziel ist es, dass der Mitarbeiter sein Potential noch besser im Sinne des Unternehmens einsetzen kann und Freude an der Arbeit hat.

Im Coaching ist es allerdings möglich, dass ein Mitarbeiter die Unausweichlichkeit einer Entscheidung entdeckt. Das kann zum Beispiel ein geordneter Rückzug sein oder eine Konfrontation. **Coaching ist ergebnissoffen**, auch wenn eine klare Zielorientierung den Weg weist. Hinter diesem Verständnis steht der Prozess-Charakter: Manchmal dauert es eben etwas länger, bis das einem klar wird was man wirklich will.

Diesmal bin ich Gast bei einem Filialisten mit über 100 Standorten, also schon eine große Nummer auf dem deutschen Bäckermarkt. Schon lange war ich an diesem Betrieb „dran", denn in Unternehmen mit über 1.000 Mitarbeitern gibt es immer etwas Personelles zu entwickeln. Trotzdem hat es über drei Jahre gedauert, bis dass wir endlich zusammenkamen. Der Inhaber Manfred B. möchte mit seinen Führungskräften eine Auffrischungs-Veranstaltung zum Thema „Führungspsychologie". Jede seiner Führungskräfte durchläuft am Anfang einen externen Kompaktkurs „Neu in der Führungsrolle". In dieser Schulung werden Grundlagen der Führung vermittelt. Wir verständigen uns darauf, dass die Führungskräfte in einem Abstand von acht Wochen zusammenkommen. Vorerst vereinbaren wir drei Tagesseminare. Die Mitarbeiter sollen dabei den Alltag reflektieren, schwierige Führungssituationen nachstellen und geeignete Lösungsstrategien entwickeln.

Der Workshop beginnt in einer lockeren Atmosphäre. Die 15 Teilnehmer sind sehr aufgeschlossen und zeigen großes Interesse an der Veranstaltung. Doch bereits in der Vorstellungsrunde kommen mir erste Zweifel. Gefragt nach den Erwartungen erhalte ich solche Antworten: „Ich lasse mich überraschen" oder „Mal abwarten was so kommt" oder „Irgendwas hole ich immer mit". Die Führungskräfte bleiben extrem vage.

Es ist schon erstaunlich, wenn 15 Schlüsselpersonen in einem über 1.000 Mitarbeiter zählenden Unternehmen keinerlei Erwartungen an eine Fortbildung haben. Da sollen über mehrere Monate neue Erfahrungen gesammelt und im Alltag überprüft werden, aber niemand erwartet etwas Konkretes? Schließlich ergreift Manfred B. das Wort. Er sieht einen deutlichen Schwerpunkt in der Motivation des Personals. Eigeninitiative und Eigenverantwortung sollen mehr Gewicht bekommen.

Wie interessant doch dieses Kontrastprogramm ist: Die Führungskräfte sollen beim Personal Motivation, Initiative und Verantwortung fördern. Manfred B. präsentiert aber gerade in der Gruppe, wie er Initiative und Verantwortung an sich reißt. Damit wird jede Motivation der Teilnehmer, selbst aktiv zu werden, überflüssig. Bevor ich also ins eigentliche Thema einsteige, wechsele ich mit der Gruppe in eine Beobachter-Position. Was ist hier gerade passiert? Einerseits geht es um das Thema Selbständigkeit, andererseits hält der Chef die Führungskräfte gerade in der Unselbständigkeit und versucht deren Haut zu retten. Ich spüre zwar, dass ich hier ein wichtiges Thema berührt habe, aber die Reaktion der Anwesenden fällt sehr unbeteiligt aus. Manfred B. meint einen Witz machen zu müssen („Immer sind es die Chefs schuld.") und lacht. Ein paar Teilnehmer lachen mit, die Situation wirkt eher peinlich als entspannt. Andere bagatellisieren und meinen, so schlimm wäre das wirklich nicht, der Chef würde einem schon viele Freiheiten lassen. Ohne sich inhaltlich mit meinen Beobachtungen wirklich auseinanderzusetzen bleiben die Gespräche auf einer sehr seichten Oberfläche. Mir scheint es, als ob ich hier ein Thema berührt habe, dem man nicht unbedingt mehr Raum geben möchte.

Als Coach kann ich auf Störungen aufmerksam machen und Themen anregen, die den Beteiligten vielleicht wichtige Informationen liefern könnten. Inhaltlich behält allerdings der Kunde die Verantwortung. In diesem Fall spüre ich, dass weder Herr B. noch die Führungskräfte diese Unstimmigkeiten aufgreifen wollen. Offenbar ist eine Klärung noch nicht an der Reihe. Wir setzten daher den Tag mit den vereinbarten „psychologischen" Führungsthemen fort. Die Gruppe macht Selbsterfahrungsübungen, reflektiert kritische Gesprächssituationen und wir tauschen uns über die Psycho-Logik der Motivation aus. Zwischendrin sammle ich immer wieder Eindrücke, dass es eine Differenz gibt zwischen inneren und äußeren Botschaften der Teilnehmer.

2.5.2 Werte-Coaching als Klärungshilfe

Was Sie in diesem Kapitel erfahren:

» Menschen konstruieren sich Werte-Systeme
» Werte können auf logischen Ebenen erfahrbar gemacht werden
» Ein guter Start heisst nicht unbedingt ein gutes Ende

Im Nachgespräch konfrontiere ich Manfred B. erneut mit meinen Beobachtungen. Interessant ist, dass er mit dem Verlauf der Veranstaltung und den Inhalten sehr zufrieden ist. Seine Wertung überrascht mich nicht. **Eine sehr übliche Haltung ist: Verändere etwas, aber bitte nicht zu viel, und nicht so, dass ich mich auch verändern muss.**

Als Coach braucht man daher eine gewisse Hartnäckigkeit. Dem Klienten müssen die „Kosten" bewusst werden, die ein „Weiter so" verursacht. Und gerade beim Stichwort „Kosten" gelingt es mir oft, auch die härtesten Chef-Brocken hellhörig zu machen.

Zwar stabilisiert Manfred B. durch seine Interventionen die Rolle als Lenker, aber gleichzeitig liefert er die Anleitung zum Unmündig-Sein. Hier kann es durchaus zu einem Interessen- und Wertekonflikt kommen: Bin ich als Vorgesetzter bereit, von selbständigen und eigenverantwortlichen Mitarbeitern auch Gegenargumente anzuhören? Oder ziehe ich eine Basta-Politik vor, die keinen Wert legt auf andere Meinungen? Zwischen schönen Worten und Realität erlebe ich oft eine große Kluft. Hier greifen wieder die Kräfte der offiziellen und inoffiziellen Regeln: Offiziell darf hier jeder sagen was er denkt. Inoffiziell sollte man besser den Mund halten, denn eine kritische Anmerkung kann durchaus Folgen haben. Wie ist die Situation bei Manfred B.?

Um dem Werte-System von Herrn B. einen Schritt näher zu kommen, entscheide ich mich für eine recht „logische" Herangehensweise. Es gibt ein Modell, das sich „Logische Ebenen" nennt. Es setzt am konkreten Verhalten an und leitet daraus Kompetenzen, Meinungen und Werte ab. Das Modell hat daher eine sehr praktische Relevanz und ist für den Einsatz in beruflichen Arbeitsprozessen sehr geeignet. Wir bleiben bei der konkreten Seminarsituation, um möglichst praktisch zu arbeiten.

Was ging Ihnen durch den Kopf?

Manfred B. beschreibt aus seiner Erinnerung die Situation im Seminar: Wer war dabei, worum ging es, wie sah der Raum aus etc.? Danach fordere ich ihn auf, sein konkretes Verhalten zu beschreiben. Hier geht es nun darum, neben dem beobachtbaren Verhalten auch das Verhalten im Kopf zu reflektieren: Was ging Ihnen in der konkreten Situation durch den Kopf? Was haben Sie dabei gefühlt? Was für einen Impuls hatten Sie noch, den Sie vielleicht unterdrückt haben? Aufbauend auf diesen Ergebnissen stellt sich die Frage, welche Kompetenz Manfred B. braucht, um so zu denken und zu handeln? Was befähigt ihn dazu, genau das zu tun und anderes zu unterlassen? Welche persönlichen Eigenschaften sind von Vorteil, sich so in der Gruppe zu präsentieren? Welche Art von Mensch muss man sein, um diese Rolle oder Aufgabe zu übernehmen? Zu welcher Gruppe gehört man dann?

Bei dieser letzten Frage nähern wir uns nun dem eigentlichen Kern der Übung: Welche Grundhaltungen und Überzeugungen vertritt Manfred B, um diesem Typ Mensch anzugehören? Und welche Werte stehen dahinter?

Für die gesamte Übung benötigt Herr B. fast zwei Stunden. Die Eingangsfragen kann er noch recht schnell und leicht beantworten. Aber je dichter wir an seine Überzeugungen und Werte kommen, desto angestrengter erlebe ich meinen Kunden. Die Zwischenergebnisse habe ich ausgeblendet, weil sie den Rahmen sprengen würden. Bei den Werten bringt Herr B. folgende Begriffe zu Papier: Ansehen, Sicherheit, Ruhe und Erfolg. Sie sind das Substrat seiner vorangegangenen Arbeit. Manchen Leuten gelingt es trotz Vorarbeit nur schwer, die Werte in ein Wort zu fassen oder auf einen kurzen Nenner zu bringen. Für diese Fälle habe ich immer eine ganze Sammlung von Werte-Begriffen dabei, die ich auf dem Boden ausbreite. Meine Kunden können dann stimmige Werte zusammentragen. Die Gefahr besteht dabei, dass Manfred B. wie in einem Shopping-Center seinen Wagen voller Werte-Konserven packt, weil sie so schön präsentiert werden. Hier habe ich als Coach darauf zu achten, dass die ausgewählten Begriffe in einem nachvollziehbaren und sinnvollen Zusammenhang stehen zur Vorarbeit.

Seinen Wagen voller Werte-Konserven packen

Auffallend ist, dass die Werte von Manfred B. „Ansehen, Sicherheit, Ruhe und Erfolg" mit den Seminar-Erwartungen „Motivation, Initiative und Verantwortung" auf den ersten Blick wenig zu tun haben. Bei genauerem Hinsehen werden allerdings die Zusammenhänge deutlich:

Herr B. ergreift die Initiative, um das Ansehen seiner Führungsmannschaft nicht zu gefährden und seine eigene Dominanz zu bestätigen. Damit übernimmt er die Verantwortung mit dem Ziel, wieder Sicherheit und Kontrolle herzustellen. Er fühlt sich motiviert, die Situation zu beschwichtigen (der Witzemacher lässt grüßen). Die vorhandenen Strukturen sollen möglichst unangetastet bleiben und nicht infrage gestellt werden (Ruhe). Im Idealfall stellt sich der Erfolg ohne allzu große Veränderungen ein.

Manfred B. ist von seiner „lähmenden" Haltung mehr als betroffen. „Das ist ja so, als würde ich Gas geben aber den Fuß nicht von der Bremse nehmen". Ja, so kann man das sagen. Oder er tritt auf das Gaspedal, der Motor heult laut auf und sorgt für rasendes Getose, aber er legt keinen Gang ein. Was die Personalentwicklung angeht tritt er auf der Stelle. **Ohne Veränderungen im Wertesystem,** der eingehenden Untersuchung verwurzelter Regeln und Traditionen im Unternehmen **ist eine reine Wissensvermittlung am Bedarf vorbei geplant und wertlos.** Notwendig ist hier ein längerfristig angelegter Team- und Organisationsentwicklungsprozess mit Workshops und Einzelcoachings. In diesem Fall geht es auch am die Aufarbeitung eines „kollektiven Gedächtnisses". Welche Geschichten können die Mitarbeiter über das Unternehmen erzählen, was ist prägend und typisch? Aus diesen Geschichten können sich als Nebeneffekt hervorragende „Stories" ergeben, die im Marketing von großem Nutzen sind.

Bei allen positiven Ergebnissen: Manfred B. fand nach unserem Reflexionsgespräch keine Zeit mehr, an dem Prozess weiterzuarbeiten. Die ursprünglich geplanten Einzel- und Team-Maßnahmen wurden regelmäßig abgesagt: zu viel zu tun, gerade niemand da, jetzt eine schlechte Zeit und eigentlich müsste man ja mal wieder.

Ich kenne diese Argumente. Als Verkäufer unterscheide ich hier zwischen Einwand und Vorwand. Durch die psychologische Brille handelt es sich um einen Selbstschutz, der für den Kunden eine große Bedeutung hat. Solange der Chef den Weg nicht selber geht, ändert sich an der Organisation und bei den Mitarbeitern wenig. Das Motto „Es gibt viel zu tun, fangt schon mal an" ist zwar weit verbreitet, bremst aber die Entwicklung eines Unternehmens auf höchster Ebene aus.

TEIL 3

ZUSAMMEN-FASSUNG

3.1 Sind Sie schon auf dem Weg?

Was Sie in diesem Kapitel erfahren:

- » **Es gibt nur wenige wirklich erfolgreiche Bäcker**
- » **Wer „wert-voll" führt, ist schon länger auf dem Weg des Erfolgs**

Zur Zeit gibt es rund 13.000 Meisterbetriebe im deutschen Bäckerhandwerk (Stand: 2013, Quelle: Zentralverband Deutsches Bäckerhandwerk e.V.) Obwohl die Anzahl der Betriebe kontinuierlich sinkt, bleibt die Anzahl der Beschäftigten seit 2007 in etwa gleich. Das hat unterschiedliche Gründe. Die Menge der Verkaufsstellen ist trotz Betriebsschließungen nicht weniger geworden, sondern stieg an. Filialnetze breiten sich aus, zusätzliches Personal wird benötigt. Wenn Sie heute durch Innenstädte laufen, haben Sie manchmal auf 100 Metern drei Bäckereien. Außerdem werden Vollzeitstellen immer öfter durch flexible Arbeitszeitmodelle wie Teilzeit oder Mini-Jobs ersetzt. Dadurch steigt die Anzahl der Beschäftigten ebenfalls, vor allen Dingen im Verkauf. Sie und Ihre Mitarbeiter sind die Unternehmensbotschafter und vertreten die Werte Ihres Betriebes in allen Lebensbereichen. Es lohnt sich also, genau hinzusehen.

Seit 2007 haben rund 16 Prozent aller Backbetriebe geschlossen. Wenn die Entwicklung in diesem Tempo weitergeht, haben wir im Jahr 2020 noch etwa 11.000 Bäckereien in Deutschland. Von diesen 11.000 Bäckereien werden die besten 2.000 Betriebe ganze 80 Prozent des Erfolges auf sich vereinen (Koch, R. 2015 , „Das Pareto-Prinzip").

Unter Erfolg verstehe ich nicht den Umsatz, denn dieser sagt nichts über die erfolgreiche Geschäftstätigkeit aus. Sie werden dauerhaft zufriedene Kunden binden, gute Erträge erwirtschaften, weniger Personalprobleme haben und einer für sich stimmigen Tätigkeit nachgehen, die man auch Berufung nennen kann. Die anderen Bäckereien bleiben Mittelmaß und werden sich einem dauerhaften Preisdruck ausgesetzt sehen.

Werteorientiertes Führen ist eine Grundhaltung, die in diesen 2.000 erfolgreichen Unternehmen entwickelt und gelebt wird. Meine Veröffentlichungen und Seminare werden auch an der Reduzierung der Backbetriebe nichts ändern. Wer bis zum Jahre 2020 nicht mehr am Markt sein wird, der hat heute schon die Vorzeichen dafür gesetzt. Dazu gehören zum Beispiel punktuelle Alibi-Veranstaltungen und Ja-Aber-Aktivitäten („Ich weiß ja, dass Personalarbeit wichtig ist, aber im Moment muss ich das noch nach hinten schieben").

Die erfolgreichen Unternehmen sind bereits losgegangen. Die Inhaber haben erkannt, dass Mehr-Wert ohne mehr Arbeit an sich selbst nicht zu haben ist. Sie stehen nicht vor der Entscheidung „Mache ich jetzt was oder nicht?" weil es für sie gar keine Alternative zur Wert-Entwicklung gibt. Sie haben eine Erfolgsgeschichte, die sie unabwendbar genau an diesen Punkt gebracht hat.

Wo stehen Sie in den nächsten zehn Jahren, beruflich und privat?

Zur Analyse Ihrer Firmengeschichte und der damit verbundenen Werte finden Sie einen Arbeitsbogen im Anhang

3.2 Wertschöpfung entsteht im Kopf. Haben Sie die richtigen Köpfe?

Was Sie in diesem Kapitel erfahren:

- » **Wertvolle Mitarbeiter sind Markenbotschafter**
- » **Personalauswahl ist keine reine Frage der Sympathie**
- » **Der Mitarbeiter von heute und morgen erwartet Sinn in seiner Tätigkeit**

Marken repräsentieren Werte. Sie können aber nur einen kleinen Teil dessen wiedergeben, was als Wertesystem in einem Unternehmen wirkt. **Wer sich dauerhaft nach außen über Werte definieren will, der benötigt Mitarbeiter und Führungskräfte, die diese Werte glaubhaft vertreten.** Nun scheint das mit dem Finden von gutem, motivierten Personal eine zunehmend schwierige Aufgabe zu werden. Umso mehr lohnt es sich, einmal gefundene Mitarbeiter dauerhaft an das Unternehmen zu binden. Das gelingt am besten, wenn die Menschen Grundlagen mitbringen, die sich mit den Zielen, Motiven und Werten des Betriebes in Einklang bringen lassen. Um das herauszufinden, bedarf es einer soliden Planung und Durchführung bei der Personalauswahl. Was ich da manchmal in den Bäckereien erlebe ist unglaublich. Gerade hatte der Inhaber einen neuen Produktionsstandort bezogen, einen modernen Betrieb mit einem beeindruckenden Laden direkt unter der Verwaltung. Das Sortiment in der Theke sah richtig gut aus und das Ambiente des Ladens wirkte einladend. Gut gemacht. Beim Verlassen der Filiale las ich folgende Stellenanzeige an der Tür, geschrieben auf dem Computer in „Times New Roman" auf einem weißen Blatt Papier:

„Suchen Verkaufshilfe für sofort auf 450 Euro Basis. Interessenten bitte hier im Laden melden. Verkaufserfahrung nicht erforderlich."

Bitte schön: Wozu soll der Mitarbeiter eigentlich passen? Welches Bild der Unternehmenskultur wird hier vermittelt? Was soll der Mitarbeiter mitbringen, damit er die Marke des Unternehmens positiv aufläd?

Meistens werden Personalentscheidungen aus dem Bauch heraus getroffen – letztlich geht es um Sympathie. Aber allein damit können Sie total schief liegen. Die hohe Fluktuation, wie ich sie gerade beim Verkaufspersonal in Bäckereien beobachte, öffnet Spekulationen über Ihre Führungswerte Tür und Tor. Das hat Auswirkungen auf Ihre Kunden wie zukünftige (Nicht-) Bewerber.

Wirklich **erfolgreich bei der Mitarbeiterauswahl können Sie nur sein, wenn Sie eine klare Vorstellung davon haben, welches Verhalten in Ihrem Betrieb erwünscht ist.** Werte, die irgendwo als Unternehmensphilosophie an der Wand des Chef-Büros hängen und hinter Ablagebergen verschwinden, ändern noch kein Verhalten. Ausschlaggebend ist, dass Werte gelebt und in Einklang mit den Zielen und Betriebsstrukturen stehen. Inhaber und Führungskräfte gehen hier mit gutem Beispiel voran.

Oft höre ich in mittelständischen Betrieben, dass keine geeigneten Leute mehr zu finden sind. Die klassischen Instrumente der Personalentwicklung können hier einen wesentlichen Beitrag bei der Personalbedarfsdeckung leisten. Coaching zum Beispiel greift auf das vorhandene Potential zurück und unterstützt bei der Entwicklung neuer Fach- und Führungskräfte. Es hilft dabei, individuelle Bedürfnisse und Ziele mit denen des Unternehmens abzugleichen, Werte zu identifizieren und Wertekonflikte rechtzeitig zu klären. Personalarbeit und Werteentwicklung macht man nicht in einem Abendseminar. **Wert-volle Personalarbeit ist auf Dauer angelegt.**

Thomas Sigi, Personalvorstand bei Audi, betonte in einem Spiegel-Interview bereits 2012:

„Alles das, was eine hierarchische Organisation ausmacht, wird auf den Prüfstand kommen: Herrschaftswissen, Kontrolle, zentrale Steuerung, Machtspielchen. Stattdessen werden offenes Wissensmanagement, flache Organisationen, gelebte Work-Life-Balance, gute Fehlerkultur, hierarchielose Kommunikation und Vertrauen wichtiger - für Führungskräfte und für Mitarbeiter. Heute gibt es Mitarbeiterbeurteilungen - künftig wird es auch Chefbeurteilungen geben. Vor allem aber werden Werte entscheidend. Die Generation Y will Sinn in dem, was sie tut. Unternehmen müssen den sozialen Aspekt ihres Tuns stärken. Das gilt übrigens auch für Führungskräfte persönlich."

3.3 Werte-Coaching oder Unternehmensberatung?

Was Sie in diesem Kapitel erfahren:

» Coaching ist Persönlichkeitsentwicklung
» Nicht jedes Problem braucht einen Coach
» Im Bäckerhandwerk gibt es geringe Aktivitäten in der Personalentwicklung
» Individuelle Begleitungen lösen die klassischen Seminare ab

Die Grenzen zwischen Coaching und Unternehmensberatung sind durchlässig. Manche Coaches bringen sehr viel eigene Erfahrungen aus einem konkreten Markt mit ein und nutzen ihre Feldkompetenz. Einige Unternehmensberater ziehen den Bogen zwischen der Unternehmensorganisation und den Persönlichkeiten, die darin arbeiten.

Ganz allgemein führen Unternehmensberater eher Expertenberatungen durch. Eine konkrete Aufgabenstellung wird formuliert, an der sehr sachorientiert gearbeitet wird. Coaching hingegen ist ein Beratungsformat, das sich sehr an den Personen, vor allem am Coachee orientiert. Dabei kann es sein, dass im laufenden Coaching-Prozess Erkenntnisse zutage gefördert werden, die eine Neuformulierung des Auftrages erfordern.

Wer sich für ein Coaching entscheidet, der geht davon aus, dass das angestrebte Ziel etwas mit seiner Persönlichkeit zu tun hat. Im Coaching erfährt sich der Klient als selbstwirksam, er beeinflusst sein Umfeld, und das Umfeld beeinflusst ihn. Im Coaching geht es darum, dass sich der Klient selbst ein Stück besser kennenlernt, seine Einflussmöglichkeiten im Betrieb versteht und sie zu nutzen lernt. Im Unterschied zur Unternehmensberatung werden im Coaching alle Lebensbereiche berücksichtigt. Als Coach gehe ich davon aus, dass es Wechselwirkungen gibt zwischen den beruflichen und privaten Lebenswelten. Gerade bei der Arbeit an Werten ist eine strenge Begrenzung auf den Unternehmenskontext kaum möglich. Werden die eigenen Werte bewusst, schärft sich auch der Blick für die Wertvorstellungen anderer Menschen.

Führungsverhalten wird bestimmt durch Führungsstile (kooperativ, autoritär, demokratisch, patriarchisch etc.) Und Führungsstile erhalten ihre wesentliche Prägung durch den Persönlichkeitsstil des Menschen, der in der Führungsrolle agiert. Person und Rolle lassen sich nicht voneinander trennen. Persönlichkeit und Funktionsträger müssen in der Organisation als zwei wesentliche Einflussgrößen wahrgenommen werden. Coaches haben in der Regel einen psychologischen Hintergrund und kennen die betrieblichen Zusammenhänge von Psyche und Logik. Coaching berücksichtigt neben den strukturellen und organisatorischen Rahmenbedingungen vor allem den psycho-sozialen Kontext eines Betriebes.

Person und Rolle lassen sich nicht voneinander trennen

Coaching spendet viel Aufmerksamkeit auf das „Dazwischen", also den Austausch aller im und am Unternehmen beteiligten. Es gehört zum Prozess, dass zwischen den Terminen Übungen abgesprochen werden, die Lerninhalte im Alltag praktisch testen und verankern helfen.

Wie Sie in den Praxisbeispielen erfahren haben, werden Dozenten, Seminarleiter und Trainer gerne engagiert, um Wissenslücken zu schließen. Manchmal ist das auch eine gute Wahl, denn in erlebnisreichen Veranstaltungen lässt sich eine Menge Positives bewirken. Ich bin selbst auch Seminarveranstalter. **In den meisten Fällen erlebe ich in den Betrieben jedoch kein Wissensdefizit, sondern ein Umsetzungsdefizit. Die Leute wissen sehr gut Bescheid, nur irgendetwas blockiert die Realisierung. Oft gibt es nicht wenig Motivation, sondern zu viel De-Motivation.**

Wenn ein Lösungsversuch die Werte eines Kunden unberücksichtigt lässt, ist jede weitere Anstrengung überflüssig. Lösungen bieten keine wirkliche Handlungsalternative, wenn sie die Werte des Kunden nicht beinhalten. Genau an dieser Stelle scheitern viele Beratungen. Sie sind zwar „klug" und „ökonomisch sinnvoll", erreichen aber den Kunden nicht an seinen inneren Wertvorstellungen. Lösungen scheitern dann an der Umsetzung. Ein ganz wichtiger Grund für diese Sackgasse ist der Faktor Zeit. Viele meiner Kunden glauben, dass Lösungen „schnell" gefunden werden müssen. Und auch eine ganze Reihe Berater und Coaches haben diesen Anspruch, damit der Erfolg rasch sichtbar wird. Aber wenn wir uns dann Zeit nehmen und die Aufgaben und Werte genauer unter die Lupe nehmen, werden plötzlich ganz andere Themen sichtbar. Oft werden mit Übereifer und Aktionismus die wirklich heißen Eisen verborgen. Um zu erkennen, was sich unter der Wasseroberfläche abspielt, braucht es Zeit.

Laut einer aktuellen Studie des Institutes der deutschen Wirtschaft in Köln wurden 2014 über 33,5 Milliarden Euro in Kurse, Seminare und Trainings investiert, so viel wie nie zuvor. Das sind knapp sechs Prozent der gesamten Bruttoanlageinvestitionen 2014 (579 Mia. Euro, Quelle: Statistisches Bundesamt). 86 Prozent der Unternehmen geben ihren Mitarbeitern die Möglichkeit, sich weiterzubilden. Durchschnittlich gab ein Betrieb 1.132 Euro pro Mitarbeiter für Fortbildung aus.

Bei solchen Beträgen macht es Sinn, über den Wert einzelner Maßnahmen nachzudenken und ein Angebot zu finden, das zum Mitarbeiter und Unternehmen passt. Die deutschen Bäcker allerdings sind mit ihren Bildungsinvestitionen eher zurückhaltend. Laut einer aktuellen Umfrage des Bäko-Magazins (02/2015) beabsichtigen nur 29% der Backbetriebe in 2015 eine Investition für Aus- und Weiterbildungsmaßnahmen. Das ist nur rund jeder dritte Betrieb! In Licht- und Ladenbaukonzepte und Produktionstechnik investieren jedoch 63% aller Bäcker. Hieran wird sehr schön deutlich, wo noch immer die Schwerpunkte für „Erfolg" vermutet werden.

Welche Beratungsform und welche Investition für eine Führungskraft sinnvoll ist, kann in einem Vorgespräch erörtert werden.

Ein wichtiger abschließender Hinweis: In einer aktuellen Trendstudie 2015 des Verlags managerSeminare mit über 1.000 Trainern und Seminarveranstaltern kam man zu folgendem Ergebnis: Auf Führungsebene werden individualisierte Coachings die klassischen Führungsseminare weitgehend ablösen. Fast 60% aller Befragten stimmten dieser Feststellung zu. Was das für Sie bedeutet? Fangen Sie mit Ihrer Selbstführung an. Hier ist die Hebelwirkung am größten und der Einfluss am direktesten, um wert-volle Veränderungen in Ihrem Unternehmen anzustoßen.

3.4 Workshop: Führung durch Werte

Unter dem Titel „Führung durch Werte" biete ich deutschlandweit einen Fach- und Führungskräfte-Workshop an. Die Teilnehmer erfahren darin, wie Werte entstehen, wie sie wirken und den Marken- wie Unternehmenswert beeinflussen. Anhand verschiedener Übungen können die Teilnehmer an sich selbst beobachten, wie stark verinnerlicht Werte sind und wie sie unser Verhalten prägen. Das Identifizieren von Mustern und Automatismen erhält dabei besondere Aufmerksamkeit. Werte, die wie Wahrnehmungs- und Denkfilter wirken, äußern sich auch in Form von Handlungsschablonen. Es gibt „Standards", die Vor- und Nachteile mit sich bringen: Einerseits werden schnelle Reaktionen möglich, andererseits wird „aus der Konserve" reagiert, wo kreative und individuelle Lösungen nötig wären.

Werte wirken wie Wahnehmungs-filter!

Da wir uns nicht in einem Wert-freien Raum aufhalten können, sind auch die Seminare eine wert-volle Erfahrung für alle Beteiligten, inklusive mir als Workshop-Leiter. Die unterschiedlichen Ansätze, „Wert" zu erklären, sind extrem spannend. Dabei tauchen Begriffe auf wie

Es würde den Rahmen sprengen, jede einzelne Assoziation hier auf ihre Bedeutung hin zu überprüfen. Wichtig ist, dass WERT für jeden Teilnehmer eine ganz persönliche „Aufladung" hat und damit sehr individuell als Führungshaltung eingesetzt werden kann. Ich spreche explizit von FührungsHALTUNG, da Werte für mich kein Instrument sind, das ich wie ein Werkzeug aus dem Kasten hole und einsetzte. Werte sind eine innere Haltung, eine Überzeugung, die in einer klaren Position erkennbar wird. Die räumliche Komponente wird zum Beispiel auch in Begriffen wie „Ein-Stellung" oder „Stand-Punkt" deutlich. Wert hat somit auch immer etwas mit Lokalisierung zu tun: Was sind Ihre Koordinaten zu einem bestimmten Wert? Besonders aussagekräftig wird diese Frage, wenn ich sie als Übung in ein Koordinatensystem bringe:

Die Teilnehmer positionieren sich dazu in einem Feld auf dem Boden, dass durch eine x-Achse (positive Prägung des Wertes) und eine y-Achse (negative Prägung des Wertes) gekennzeichnet ist. (Mehr über diese beiden Pole erfahren Sie im Kapitel 1.7. „Gibt es ein zu viel des Guten?") Durch die Bewegung in diesem Koordinatensystem können die Seminarteilnehmer erfahren, wie fließend die Grenzen sind und wo es sich für sie am stimmigsten anfühlt. Oft geht damit auch eine körperliche „Ver-Ortung" einher. Ein gutes Gefühl im Bauch, weiche Knie, Druck auf der Brust usw.

Aus den Feedback-Bögen der Teilnehmer konnte ich viele nützliche Informationen sammeln. Sie alle machen die praktische Relevanz des Themas „Führung durch Werte" noch einmal besonders deutlich. Ich möchte daher die wichtigsten Anregungen zusammenfassen und kurz erläutern:

„Wichtig waren mir die vielen praktischen Beispiele"
Werte sind keine Zustände sondern gelebter Alltag. Es geht darum, eine Ausdrucksform zu finden, wie Werte erfahrbar machen. Wie äußert es sich also in konkretem Verhalten, wenn Sie für sich den Wert „Vertrauen" identifiziert haben? Vor allen Dingen: Wie äußert sich dieser Wert im Außen- wie im Innenverhältnis? Vertrauen Sie sowohl Ihren Kunden als auch den Mitarbeitern, und wie äußert sich das? Ab wann wird Ihr Vertrauen zur Blauäugigkeit? Und wann werden Sie misstrauisch? In Workshops haben die Teilnehmer die Möglichkeit, ihr eigenes Führungsverhalten zu reflektieren. Es hat einen großen Nutzen, eigene Praxisbeispiele einzubringen. So können schon erste Erfahrungen für die Alltagstauglichkeit im eigenen Unternehmen gemacht werden.

Eine Teilnehmerin zum Beispiel bemerkte, dass ihr Wert „Vertrauen" durchaus auch als Druckmittel von ihr eingesetzt wurde, ohne sich dessen bewusst zu sein. So verband sie mit dem Vertrauen die unterschwellige Botschaft: „Enttäusche mich bloß nicht, wenn ich Dir schon so viel Vertrauen entgegen bringe". Allerdings setzt Vertrauen voraus, dass ich mich auf ein Scheitern einlassen kann. Vertrauen heißt eben auch Risiken eingehen. Wenn ich dazu nicht bereit bin, dann wird aus Vertrauen Erwartung oder Verpflichtung. Die Teilnehmerin konnte sich über diesen für sie wesentlichen Unterschied allerdings nur klar werden, weil sie ihr praktisches Beispiel offen in die Gruppe gebracht hatte.

„Besonders wertvoll war mit die Gruppenarbeit"
Wo Menschen aufeinandertreffen, dort begegnen sich auch unterschiedliche Werte. Insofern haben wir in den Workshops immer ein Stück der betrieblichen Realität. Die Erwartungen, Bewertun-

gen und Werte der Teilnehmer sind teilweise sehr unterschiedlich. Allerdings gibt es auch verbindende Elemente wie zum Beispiel „sich einlassen wollen" oder „seine Kompetenz einbringen" oder „für einen fairen, respektvollen Umgang Verantwortung übernehmen". Gleichzeitig gilt es, Unterschiede zu erkennen, sich diesen zu stellen und Grenzerfahrungen zu machen: Wo kann ich meine Grenze erweitern, wo möchte ich sie ziehen? In Seminaren können die Teilnehmer daher praktisch lernen, in dem „geschützten Rahmen" des Workshops ihren Werten Ausdruck zu verleihen. Diese Laborsituation ist extrem hilfreich, um nicht sich selbst und andere im Alltag zu überfordern. Werte entfalten erst Ihre Wirksamkeit, wenn wir mit anderen Menschen und anderen Werte konfrontiert werden. Extreme Konformität blockiert nicht nur kreative Vielfalt und selbständiges Handeln, sondern sie beschränkt auch die Möglichkeiten der Führung.

Eine Vorgesetzte legte besonderen Wert auf selbständiges Handeln der Mitarbeiterinnen. Sie stelle allerdings fest, dass innerhalb ihres Teams ganz unterschiedlich mit dieser Freiheit umgegangen wurde. Während viele Kolleginnen sehr gute Arbeitsergebnisse lieferten, gab es einige mit deutlichem Leistungsabfall. Wenn man ihnen allerdings klare Anweisungen gab, was sie zu tun hatten, dann waren die Ergebnisse hervorragend. Die Teilnehmerin lernte, dass sie den Wert der Selbständigkeit nicht aufgeben musste, um personenspezifisch zu reagieren. Woran sie arbeitete war vielmehr die Dosierung je nach Kontext. Genau das ist die Kunst der Führung.

„Wir haben uns zu lange am Wort ‚Werte' aufgehalten"
Wenn Sie sich anderthalb Stunden über die Bedeutung des Wortes „Werte" austauschen, dann sind das 90 Minuten. Die Zuschreibung „zu lange" ist schon wieder eine Bewertung, die eine subjektive Färbung trägt. Offenbar hat der Teilnehmer für sich eher den Wert „praktisch üben" als den Wert „lass uns drüber sprechen" verankert. Im gleichen Workshop notierte eine andere Teilnehmerin als Feedback : „Ich fand es sehr schön, dass wir uns für die Diskussion Zeit genommen haben". Im Führen von Workshops wie im Führen von Mitarbeitern geht es darum, einerseits bei sich selbst zu bleiben und gleichzeitig die Teilnehmer im Auge zu behalten. Es ist ein ständiges Pendeln zwischen dem „mir selbst treu bleiben" und dem „auf die Anderen zugehen". Werteorientieres Führen erfolgt auf der Basis eigener Werte und damit auch unseres Selbstwertes. Werteorientiertes Führen ist aber nicht zu verwechseln mit Selbstgerechtigkeit. Selbstgerechtes Führen missachtet die Wertschätzung der Andersartigkeit. Selbstgerechte Führer werden oft als anmaßend und arrogant erlebt. Es ist daher sinnvoll und notwendig, gelegentlich seine Werte und seine Wertetoleranz auf den Prüfstand zu stellen.

Ein Teilnehmer klagte darüber, dass ein Mitarbeiter „zu oberflächlich" sei und seinem Wert nach Exaktheit nicht ausreichend nachkomme. Er versprach sich durch das Seminar eine Lösung für dieses Problem. Allerdings können in Workshops nur selten Lösungen für komplexe und individuelle Situationen gefunden werden. Vielmehr halten sie Anregungen bereit, um das „Problem" neu zu beleuchten und zu mehr Handlungsoptionen zu kommen. Coaching hat immer als Ziel, die Wahlmöglichkeiten des Kienten zu erweitern, nicht das Problem für ihn zu lösen. Zwei naheliegende Optionen waren, den Mitarbeiter aus der Verantwortung zu entlassen oder sich selbst mit der „Eigenart" zu arrangieren. In einer Art „Gewinn-und-Verlust-Übung" wurden die Vor- und Nachteile beider Optionen einander gegenübergestellt. Dabei wurde deutlich, dass beide Alternativen mit sehr hohen Nebenwirkungen verbunden waren. Darüber kam der Vorgesetzte zu der Frage, ob er überhaupt alle Möglichkeiten der Einflussnahme schon ausgeschöpft hatte.

Wir diskutierten in der Gruppe darüber, welche Möglichkeiten es gab, den an sich wertvollen Mitarbeiter an das Wertverständnis „Exaktheit" des Vorgesetzten heranzuführen. Exaktheit bedeutet zum Beispiel auch, die eigenen Erwartungen klar vor Augen zu haben. Darauf aufbauend müssen sie dem Mitarbeiter eindeutig rübergebracht werden. In welchen Situationen verhält sich der Mitarbeiter sehr exakt, wo weniger? Wann wäre es dem Vorgesetzten möglich, von seinem Anspruch Abstriche zu machen, weil er damit „über das Ziel hinausschießt"? Über die Bilanzierung der Vor- und Nachteile und die breite Diskussion konnte der Seminarteilnehmer für sich weitere Handlungsideen entwickeln. Sein Wert „Exaktheit" wurde dadurch nicht ausgehöhlt, sondern erhielt sogar eine praxistaugliche Ausgestaltung.

„Das Werte-Seminar sollte mindestens zwei Tage dauern"
Bei den vielen unterschiedlichen Werten und Themen, die von den Teilnehmern kommen, wäre das auch für mich sehr verlockend. Wenn man erst mal das „Werte-Fass" aufgemacht hat, kann man wirklich darin baden gehen. Die Arbeit an Ihren persönlichen wie auch den Unternehmens-Werten ist ein Dauerprozess. In einem zeitlich befristeten Workshop kann ich nur die Bedeutung Ihrer

Werte ins Bewusstsein rufen und für deren Wirksamkeit in der Unternehmensführung werben. Workshops können erste Impulse liefern, um ein Thema für sich weiter zu entwickeln. Auch im Coaching geschieht die eigentliche Veränderung zwischen den Coaching-Einheiten. Die Sitzungen tragen zu mehr Klarheit bei und überprüfen die Ziel- und Werteausrichtung.

Eine Teilnehmerin sammelte für sich nicht nur wertvolle Erfahrungen, sondern auch jede Menge Werte, die sie im Laufe des Tages wichtig fand. Gegen Ende der Veranstaltung hatte sie fast eine DIN-A4-Seite Wertebegriffe zusammengetragen. Was sie denn nun damit anfangen solle, wollte sie wissen. Wir machten Gott sei Dank noch die Übung „Praktische Umsetzung Ihrer Werte im Alltag". Ich bat die Dame darum, ihre Werte in konkrete Handlungen umzusetzen: Was kann ich dann beobachten, was werde ich von Ihnen hören? Wie erleben Sie die Mitarbeiter? Die Chefin stellte fest, dass sie bei der Anzahl an Werten nicht nur den Bogen der Praktikabilität überspannt hatte. Sie bemerkte auch, dass es teilweise zu wirklichen Widersprüchen kam. Statt Orientierung gab es mehr Verwirrung. Ihre Aufgabe war es deshalb, die wirklich tragenden Werte herauszuarbeiten und dann mit Leben zu füllen. Dazu reichen aber auch zwei Tage nicht aus. Führung durch Werte ist eine Daueraufgabe.

„Mich hat die Freundlichkeit untereinander beeindruckt"

Als Führungskraft haben Sie eine Signalwirkung, die oft unterschätzt wird. Mitarbeiter beobachten aufmerksam, wie genau sich ein Vorgesetzter selbst an die Werte hält, die er oder sie hoch predigt. Oft muss die Belegschaft dabei feststellen, dass Chef oder Chefin die eigenen Erwartungen nicht erfüllt.

Gerade in der Führung durch Werte gehen Sie als gutes Beispiel voran. Sie haben dadurch nicht nur das Los zur Selbstverpflichtung. Vorgelebte Werte können auch einen normierenden Effekt haben und zum Standard werden: „Handle nur nach derjenigen Maxime, durch die du zugleich wollen kannst, dass sie ein allgemeines Gesetz werde." [Immanuel Kant] Das klingt nach viel Philosophie, hat aber für die Praxis eine hohe Relevanz. Führungskräfte und Chefs bekommen selten ungefiltertes Feedback. Insofern haben sie weniger Möglichkeiten ihr Handeln kritisch zu reflektieren. Dadurch besteht die Gefahr, dass sie „problematische Gewohnheiten" nicht mehr als solche wahrnehmen und sich selbst für „normal" halten, während alle anderen um sie „gestört" sind. Regelmäßige Reflexion, besonders in Führungsetagen, tut daher Not. Im sozialen Bereich ist das sehr viel stärker ausgeprägt, der privatwirtschaftliche Sektor hat noch enormen Nachholbedarf.

Als Coach oder Trainer kann ich ebenso die Arbeitsatmosphäre beeinflussen wie Sie als Fach- oder Führungskraft. Indem ich den Teilnehmern Wertschätzung entgegenbringe, belebe ich zugleich dieses Bedürfnis bei allen Anwesenden. Ein Klima der Entspannung, der Spaß an der Arbeit, ermöglicht viel leichter den wertschätzenden Umgang miteinander. Wenn Sie sich Statistiken anschauen, was Mitarbeiter in den Unternehmen am meisten vermissen, dann steht in aller Regel ganz oben „Wertschätzung". Wertschätzung ist nicht nur der zentrale Wert in den Unternehmen, sondern für mich der zentralste Wert überhaupt.

Es ist sicher kein Zufall, dass bei allem, was wir tun, immer auch unser Selbstwert berührt ist und Artikel 1 [GG] den Menschenwert allem anderen voranstellt. (Siehe auch Kapitel 1.3 „Werte prägen lebenslänglich"). In der Verhaltenstherapie werden, vereinfacht dargestellt, drei zentrale Themen in der Begleitung von Patienten zusammengefasst: Existenzängste, Umgang mit Frustruationen und mangelnder Selbstwert. Wie wir unseren eigenen Wert erleben ist immer Basis dafür, wie wir die Umwelt wahrnehmen und wie wir entscheiden. Werteführung beginnt daher grundsätzlich am Selbstwert.

„Das Wertequadrat ist für die Arbeit im Betrieb sehr schwierig"
Modelle helfen, komplexe Sachverhalte vereinfacht darzustellen und sie dadurch versteh- und handhabbarer zu machen. Das Wertequadrat ist ein Modell, dass die Übertreibungen „gut gemeinter Werte" bewusst macht. Ich habe mich mit diesem Aspekt ausführlich in Kapitel 1.7. „Gibt es ein zu viel des Guten?" beschäftigt. Außerdem hilft es herauszufinden, dass auch gegenteilige Einstellungen ihren Wert haben: Sicherheit hat Ihren Wert und Risikobereitschaft hat ihren Wert. Kooperation hat ihren Wert und Konkurrenz hat ihren Wert. Sicher kann ein Modell nur bedingt im Arbeitsalltag als praktisches Führungsinstrument eingesetzt werden. Ich verwende das Wertequadrat deshalb ganz gezielt, um in Problemsituationen die Zusammenhänge deutlich zu machen. Außerdem unterstützt es die Selbstreflexion. Und genau das ist der Grund, warum ich es in meinen Workshops vorstelle.

Die Führungskräfte-Workshops sind in erster Linie Selbsterfahrungs-Workshops. Viele Teilnehmer kommen mit der Erwartungshaltung, einen prall gefüllten Werkzeugkoffer vorzufinden, der Führungs-Tools enthält. Ich kann das verstehen, denn Werkzeuge scheinen ein adäquates Mittel zu sein, um an Störungen zu arbeiten. Allerdings reicht es nicht, sich einen Vortrag über das

Autofahren anzuhören und sich dann mit der Vorstellung ans Lenkrad zu setzen, nun fahren zu können. Sie müssen in Begleitung eigene Erfahrungen machen, wie sich Führung anfühlt: Was bedeutet es, zu wenig oder zu viel Gas zu geben? Fahren Sie einen Sportwagen oder eine Limousine? Wer sind Ihre Beifahrer? In den Workshops erfahren Sie unter anderem durch das Wertequadrat, wo Sie einen Gang zurückschalten könnten, um Ihre Ziele zu erreichen. Wenn Sie sich mit dem Thema Menschenführung beschäftigen, ist es absolut notwendig, sich selber in die Rolle des Geführten zu versetzen. Dadurch erweitern Sie ihre Perspektive. Im Coaching geht es immer auch um die Erweiterung Ihrer Wahrnehmung. Auch das ist ein Grund, warum solche Modelle Sie dabei unterstützen können, Ihre Perspektive zu erweitern. Wenn Sie sensibel geworden sind für die „Grenz-Wertigkeit" Ihrer Werte, dann hat das Modell seinen Zweck erfüllt.

„Ich hätte mir mehr Lösungsvorschläge erhofft"
Lösungen setzen Probleme voraus. Aber rein sachlich gibt es keine Probleme, sondern nur Bedeutungszuschreibungen. Probleme gehen einher mit dem Gefühl der Ohnmacht: Es fehlen bekannte Bewältigungsstrategien. In diesem Zusammenhang zitiere ich gerne folgenden Spruch: „Wenn du keine Lösung für dein Problem hast, suche dir doch ein neues!" Warum dieser provokante Spruch? Dahinter steckt die Erfahrung, dass es in den meisten Fällen weniger um „das Problem" als solches geht, sondern um die Einstellung zum „Problem": Warum ist dieses Thema für Sie denn ein Problem? Was hindert Sie daran eine Entscheidung zu treffen? Welche Konsequenzen möchten Sie auf jeden Fall vermeiden? Wer sieht in dieser Situation gar kein Problem?

In Richtung Persönlichkeitsentwicklung sind die Antworten auf diese Fragen die wirklich wichtigen. Die „Lösung" ergibt sich dann als Konsequenz daraus. Viele Unternehmensberater, aber auch zahlreiche Coaches, bieten eine Form der Expertenberatung an. Sie halten Lösungen bereit, an die die „Probleme" angepasst werden. Ich verdeutliche nochmal: Wer gewinnorientiert als Berater arbeitet, der muss standardisieren. Das ist weder verwerflich noch unprofessionell, sondern in höchstem Maße professionalisiert. Allerdings muss die Individualität der Lösungen darunter leiden.

„Optimierte" (übersetzt heißt das „standardisierte") Lösungen versuchen immer einen Mittelweg zu finden zwischen den Anforderungen des Kunden und den Anforderungen des Anbieters. Daraus resultiert in aller Regel Mittelmäßigkeit. In meinen Seminaren und Workshops gebe ich daher keine Lösungskonserven weiter. Solange die Teilnehmer untereinander Erfahrungen austauschen und Anregungen weitergeben ist das völlig in Ordnung. Und ich erzähle auch von Aufgabenstellungen und Lösungsansätzen in anderen Unternehmen. Die tatsächliche Arbeit an Ihren Aufgabenstellungen und Werten beginnt jedoch nach den Veranstaltungen. Diese dienen in erster Linie dazu, innezuhalten und hinzuschauen „was ist". Darauf aufbauend können dann für Sie passende Werte und Führungsstrategien erarbeitet werden.

Wenn sich Teilnehmer in meinen Seminaren Lösungsideen wünschen, dann setzt das voraus, dass sie von der Problem-Existenz in ihrem Unternehmen überzeugt sind. Werteorientiertes Führen kann zwar eine Antwort darauf sein, möglicherweise haben die Schwierigkeiten aber eine ganz andere Ursache. Die Teilnehmer könnten daher am Ende eines Werte-Workshops zu der Erkenntnis kommen: Ja, in meinem Unternehmen gibt es ein Werte-Vakuum. Ich übertriebe meine Werte gelegentlich und erreiche dadurch genau das Gegenteil meines Zieles. Verschiedene Zielkonflikte führen auch zu Unstimmigkeiten in meinem Führungsverhalten. Alle diese Erkenntnisse können dazu führen, ganz konkret an den individuellen Aufgabenstellungen zu arbeiten, die kein Programm erfüllen kann. Individuelle Themen erfordern zwar pragmatische, aber unprogrammatische Antworten.

„Das Bergpanorama war mir zu persönlich – besser auf den Betrieb eingrenzen"

Die Bergpanorama-Übung sieht vor, dass ein Teilnehmer seine lebensgeschichtlichen Höhen und Tiefen auf einem DIN A4 Blatt als Bergpanorama abbildet. Erfahrungsgemäß werden unsere Werte besonders dann berührt, wenn wir in sehr glücklichen Lebensphasen stecken oder von starken Krisen gepackt sind. Dazu können zum Beispiel gehören: Geburt der Kinder, Verlust des Partners, Geschäftsgründung, Krankheit, Midlife-Crisis, Sinnkrisen usw. Die Teilnehmer sollen dann in Zweier-Gruppen über ihr Bergpanorama sprechen und die berührten Werte identifizieren, die sich wie ein roter Faden durch ihr Leben ziehen. Diese Übung ist sehr persönlich, weshalb absolute Vertraulichkeit für die Übungen vereinbart wird.

Gelegentlich wünschen sich einzelne Teilnehmer, diese Übung auf den betrieblichen Kontext zu begrenzen. Aus Gründen der Diskretion und Intimität kann ich das verstehen. Um sich allerdings selbst besser kennenzulernen, seine Handlungen und die Reaktionen der Umwelt darauf zu verstehen, ist eine mehrdimensionale Betrachtung unerlässlich. Gerade in familiengeführten

Handwerksbetrieben gehen Beruf und Privatleben oft stark Hand in Hand, so dass eine Trennung weder möglich noch wünschenswert ist. Es sind besonders oft Wertkonflikte, die aus dem Spannungsverhältnis zwischen persönlichen und betrieblichen Werten resultieren. Sie entwickeln sich zu erheblichen Schwierigkeiten in der Betriebs- und Personalführung. Wie im Kapitel 1.3. „Werte prägen lebenslänglich" dargestellt sind es oft frühe Kindheits- und Jugenderfahrungen, die unsere Beziehungsgestaltung maßgeblich beeinflussen. Und Personalführung ist Beziehungsgestaltung. Wenn Ihnen die Werte „Kooperation" und „Leistung" besonders wichtig sind, werden sie erstaunt darüber sein, wo diese Werte ihre Wurzeln haben. Ich habe bisher noch nie einen Unternehmer erlebt, der sich seine Werte mit der Betriebsausstattung angeschafft hat. Wichtig ist jedoch zu wissen, dass es zwischen den unterschiedlichen Rollen, die wir alle tagtäglich einnehmen (Vater, Partner, Geschäftsführer, Nachbar etc.) durchaus zu unterschiedlichen Wertungen kommen kann, die teilweise sogar im Widerspruch zueinander stehen können. Daher ist es so wichtig zu erkennen, aus welchen Bereichen unsere Werte gespeist werden.

„Sind Werte nicht auch quantifizierbar? Leistung ist doch auch ein Wert!"

Absolut, Werte sind durchaus quantifizierbar. Allerdings ist das nicht immer so leicht zu handhaben wie bei Umsatzzahlen oder Retourenkennziffern. Wie lässt sich zum Beispiel der Wert „Respekt" messen? Wie können Sie „Harmonie" in Zahlen fassen? Es gibt eine Möglichkeit, sich der Wirkung eines Wertes auf andere Weise zu nähern. Sie können sich fragen: Woran kann ich feststellen, dass der Werte „Respekt" in unserem Unternehmen gelebt wird? Was ist von außen zu beobachten, wenn wir respektvoll miteinander umgehen? Welche Folgen hat es, wenn wir „Harmonie" in unserem Betrieb anstreben? Mögliche Antworten darauf können sein: Die Krankheitsrate sinkt, die Fluktuation der Mitarbeiter ist geringer, die Kundenbindung ist länger, Entscheidungen werden schneller getroffen, die Reklamationsquote sinkt, die Rekrutierungskosten sinken, der Abstimmungsbedarf steigt. Ein zeitgemäßes Stichwort lautet „Resilienz". Resilienz kann man übersetzen mit psychischer Widerstandsfähigkeit in Problem- oder Krisensituationen.

Durch Wertevermittlung in Ihrer Führung unterstützen Sie ihre Mitarbeiter darin, Sinn in der eigenen Tätigkeit zu finden. Sinn-Findung ist nachweisbar ein geeignetes Mittel, um stressresistenter zu werden, sein psychisches Immunsystem zu kräftigen und gestärkt aus Problemsituationen hervorzugehen. Es gibt also eine ganze Reihe von Möglichkeiten, auch abstrakte Werte in den Unternehmen handhabbar und überprüfbar zu machen. Vergessen Sie dabei nicht, dass auch Sie selbst überprüfbar werden! Und gerade Geschäftsführer stehen besonders in der Aufmerksamkeit der Mitarbeiter. Es wird dramatisch unterschätzt, wie genau Mitarbeiter ihre Vorgesetzten und Chefs dabei beobachten, wie sie sich an ihre eigenen Werte halten. Ein gelebter Wert ist zig-fach bedeutungsvoller als eine verbriefte Firmenphilosophie, die in irgendeinem Ordner verstaubt.

Wenn Sie in einem Mitarbeitergespräch stecken oder in einem Vorstellungsgespräch neues Personal suchen, kommen oft Begriffe wie „Teamfähigkeit" oder „Kritikfähigkeit" aufs Tablett. Die klingen toll und fast jeder behautet auch ausreichend davon zu haben. Aber wie äußert sich das in beobachtbarem Verhalten? Stellen Sie den (potentiellen) Mitarbeitern aber auch sich selbst die Frage: Wie sieht das in konkreten Handlungen aus? Was tun Sie ganz konkret, wenn Sie teamfähig/kritikfähig sind? Geben Sie mir ein Beispiel! Gehen Sie in Ihren Darstellungen weg von den vielen Substantivierungen: „Meine Teamfähigkeit äußert sich in hoher Kooperationsbereitschaft, Verantwortlichkeit und einer guten Kritikfähigkeit." Blablabla. Fragen Sie besser: Was genau tun Sie, wenn in Ihrer Projektgruppe die Fetzen fliegen? Wofür sind Sie ganz konkret verantwortlich? Was kann ich an Ihnen beobachten, wenn Sie kritisiert werden? Werte müssen lebendig werden, um aus einem theoretischen auch einen praktischen Wert zu machen.

3.5 Arbeitsblätter zur Werteklärung im Führungsalltag

Werte sind ein globales Thema und betreffen doch jeden Einzelnen unmittelbar. Es ist eine große Herausforderung, eine gemeinsame Wertebasis für größere Gruppen oder Organisationen zu erarbeiten. Daher: Fangen Sie bei sich selber an!

Manchmal kann es sehr aufschlussreich sein, über die Zukunft nachzudenken: Was will ich die nächsten drei, fünf oder zehn Jahre erreichen? Beruflich, finanziell, gesundheitlich und partnerschaftlich? Was ist mir dabei wichtig? Welcher Reihenfolge möchte ich folgen?

Es ist wesentlich einfacher, an Ihren eigenen Be-WERT-ungen, Überzeugungen, Bedürfnissen und Zielen anzufangen als bei anderen Menschen. Viele Führungskräfte investieren mehr Energie in die Veränderung ihrer Mitarbeiter als in die Erforschung ihrer eigenen, persönlichkeitsstiftenden Verhaltensmuster.

Aufbauend auf Ihre persönlichen Ergebnisse können Sie prüfen, wo sich Schnittmengen zu ihrem Partner ergeben und wo die Ergebnisse auseinanderliegen. Was bedeutet das für die Zusammenarbeit? Gibt es Unternehmenswerte, die nur schwer mit persönlichen Werten in Einklang zu bringen sind? Was bedeutet das für die Gestaltung von Beruf- und Privatleben? Was soll Vorrang bekommen?

Die folgenden Arbeitsbögen können Sie dabei unterstützen, erste Antworten auf diese und weitere Fragen zu finden. Manchmal empfiehlt es sich, das Durcharbeiten der Arbeitshilfen in zeitlichem Abstand zu wiederholen, um die Stabilität der Werte zu überprüfen. Einigen Kunden hat es auch geholfen, die Vordrucke als Gesprächsgrundlage zu nehmen, um mit Partner oder Mitarbeitern ins Gespräch zu kommen.

Einen Coaching-Prozess können die Arbeitshilfen nicht ersetzen, aber den Weg dorthin ebnen und wertvolle Vorarbeiten leisten. Werden Sie aktiv, bevor andere es werden.

3.4.1 Arbeitsblatt 1: Wofür nehme ich mir Zeit?

Zeit hat man nicht, Zeit nimmt man sich. Zeitmanagement ist Wertemanagement. Was ist mir wichtig? Wie vergebe ich meine Prioritäten? Worauf bin ich bereit zu verzichten, vorübergehend oder dauerhaft? Zeit bietet eine sehr gute Möglichkeit, um in Verbindung mit meinen Werten zu kommen. Also nehme ich mir Zeit und fülle das Arbeitsblatt aus, denn die Ergebnisse werden wertvoll für mich sein.

Wofür nehme ich mir Zeit?
Meine Antworten:
So ordne ich meine Ergebnisse nach Wichtigkeit:
(das Wichtigste kommt zuerst, das Unwichtigste zuletzt)

3.4.2 Arbeitsblatt 2: Wertekonflikte

Oft stehen die persönlichen Werte mit den Werten anderer oder den betrieblichen Werten in Konflikt. Daraus können Machtspiele resultieren, die sehr destruktiv wirken. Der Folgende Arbeitsbogen kann dabei helfen, diese Wertekonflikte zu identifizieren und zu vermeiden.

Klarheit

- Was sind meine beruflichen Ziele, meine privaten Ziele und welche Werte lebe ich dabei?
- Wie sorge ich im Beruf dafür, dass ich diese Werte in Übereinstimmung bringe und leben kann? Bin ich hier richtig aufgehoben?

Konfrontation

- Bin ich bereit, die Konsequenzen auf mich zu nehmen, wenn ich mir selbst treu bliebe?
- Sehe ich die Konfrontation als Erfahrungswert?

Entwicklung

- Will ich meine Verhaltensmuster kennenlernen und eingefahrene Überzeugungen infrage stellen?
- Will ich meine eigenen Anteile kennenlernen, die mich oft in die Opferrolle drängen?
- Will ich mich aus dieser Opferrolle befreien und wieder zum Täter (d. h. Tätigen) werden?

3.4.3 Arbeitsblatt 3: Welche Werte bestimmen mein Handeln?

Fangen Sie andersherum an: Was tun Sie konkret, und welche Werte lassen sich daraus ableiten? Diese Richtung ist wesentlich leichter, denn sie setzt an Ihrem konkreten Tun an. Greifen Sie sich eine Situation heraus, die besonders emotional für Sie aufgeladen war. Das sind meistens Augenblicke, in denen Ihre Werte besonders deutlich werden. Entweder fühlten Sie Ihre Werte verletzt oder Sie haben sich besonders über Ihre Werte definiert.

Wie war die konkrete Situation? Wer war dabei? Worum ging es?	
Was habe ich gedacht, getan, gesagt, gefühlt oder unterlassen?	
Welche Kompetenz brauchte ich dazu? Welche meiner Fähigkeiten wurde besonders beansprucht?	
Was ist typisch für mich? Zu welcher Spezies Mensch gehöre ich dann? Welcher Gruppe fühle ich mich verbunden?	

Welche Überzeugungen vertrete ich dann? Wie denke ich über das Problemfeld, die Mitarbeiter und die Organisation?	
Welche meiner Werte werden dadurch berührt? Welche sind mir dabei besonders wichtig?	

3.4.4 Arbeitsblatt 4: Ihr „Gebirgszug"

Nehmen Sie sich ein große Blatt, am besten DIN A3 quer. Dann malen Sie von links nach rechts Ihr ganz persönliches Bergpanorama: Jedes einschneidende Lebensereignis ist ein Tal, ein Plateau oder ein Gipfel. Das kann die Ausbildung sein, die Geburt eines Kindes, der Abschied von einem Menschen, die Gründung eines Betriebes oder, oder, oder...

Ermitteln Sie die zentralen Werte, die Sie in Zusammenhang mit diesen Lebensereignissen bringen, und notieren Sie diese Begriffe an den Profilstellen. Vielleicht spielten wichtige Bezugspersonen in Ihrem Leben eine Rolle, von denen Sie Werte übernommen haben? Notieren Sie auch diese in Ihrem Bergprofil. Welche dieser Werte waren und sind Ihnen im Laufe Ihres beruflichen und privaten Lebens am wichtigsten? Achten Sie dabei auch auf Werte, die Ihnen gelegentlich hinderlich sind. Was lernen Sie daraus, wenn Sie den Blick auf Ihre Werte richten, die sich wie ein roter Faden durch Ihr Leben ziehen?

Meine Gedanken zum Gebirgszug:

3.4.5 Arbeitsblatt 5: Story Telling

Jeder Mensch hat seine Lebensgeschichte, die ihn prägt. Und auch Unternehmen haben ihre Geschichte. Damit meine ich nicht die Firmenhistorie, die sich chronologisch aus dem Firmenkalender nachvollziehen lässt. In und um Firmen gibt es Geschichten. Sie sind meistens als Anekdoten in den Köpfen der Mitarbeiter oder Kunden zuhause. Gerne werden diese Geschichten auf Weihnachtsfeiern, am Stammtisch oder in der Kantine erzählt. Auch neue Mitarbeiter erfahren oft über derartige Geschichten mehr über das eigentliche Wesen eines Unternehmens als über die Hochglanz-Broschüren.

Gehen Sie durch Ihr Unternehmen und suchen Sie aktiv nach diesen Geschichten. Was erzählt man sich über die Bäckerei XY? Worüber lachen heute noch die Kunden, Mitarbeiter und Lieferanten? Worüber wird auch seit Jahren noch der Kopf geschüttelt?

Starten Sie mit zwei oder drei Geschichten. Welche Botschaften stecken in diesen Erzählungen? Um welche Werte geht es hier? Was hat sich seit damals verändert, was ist immer noch aktuell?

In unseren Firmengeschichten geht es um

Folgende Werte sind davon berührt

TEIL 4

ANHANG

4.1 Horst Lempart, der Bäcker-Coach

Bodenständig, natürlich, frisch – und mit Sicherheit ein Unikat. Damit wären wichtige Eigenschaften von Horst Lempart schon erwähnt, die ihn für das Backhandwerk so naheliegend wie einzigartig machen.

Mehr als zwanzig Jahren arbeitete er für Meyer/Stemmle, Deutschlands großem Marken-Macher für innovative Backbetriebe. Er kennt viele Erfolgs- und Misserfolgsgeschichten rund um das Thema Personalführung. Als Kundendienstleiter begleitete er die Wünsche und Sorgen von über 6.000 Bäckereien aller Größenordnungen, vom industriellen Großbäcker bis zum Kleinstunternehmer. Dabei nahm das Thema Personalarbeit von Anfang an einen großem Raum ein. Neben erstklassigen Produkten wurden die Mitarbeiter zum immer wichtigeren Differenzierungsmerkmal.

Die nachhaltigen Eindrücke aus der Position, Menschen zu führen und geführt zu werden brachten ihn zum Coaching und zur Psychologie. Um den Ansprüchen nach oben, nach unten und sich selbst gerecht zu werden, reichten die klassischen Führungsinstrumente bald nicht mehr aus. Neue Ideen mussten her. Seit 2004 widmet er sich der Personalentwicklung mit dem Schwerpunkt „Marken- und werteorientiertes Führen". Er unterstützt Inhaber im Bäckerhandwerk, eigene Unternehmenswerte zu definieren, zu etablieren und dauerhaft zu leben. Das schafft Bindung von Kunden und Personal. Mitarbeiter werden zu Markenbotschaftern.

Seine Kunden bringen erstklassige Backprodukte und ein erfolgreiches Marketing mit. Seine Kunden wissen auch, dass sie mit guter Qualität, gelegentlichen Mitarbeiter-Seminaren und einer perfekten Außendarstellung das Herz der Menschen noch nicht erobern. Die typischen Kunden von Horst Lempart wünschen sich mehr Wert – und landen deswegen früher oder später bei ihm.

Als Coach ist er störend, oft unbequem, aber immer herzlich und wertschätzend. Als Autor bringt er Alltagsgeschichten kurzweilig und treffend auf den Punkt.

Lernen Sie Horst Lempart bei einem seiner vielen Auftritte kennen. Wenn Sie an einer Veranstaltungen teilnehmen möchten, senden Sie eine Email an **info@horstlempart.de**. Sie erhalten dann den aktuellen Terminkalender.

Unternehmensberatungen von Horst Lempart können unter bestimmten Voraussetzungen durch das Bundesamt für Wirtschaft und Ausfuhrkontrolle mit bis zu 80% gefördert werden!

Weitere Informationen finden Sie unter **www.horstlempart.de**

4.2 Literaturangaben

Gris, Richard (2008): *Die Weiterbildungslüge – Warum Seminare und Trainings Kapital vernichten und Karieren knicken.* Frankfurt, Campus Verlag

Sprenger, Reinhard K. (2013): *An der Freiheit des anderen kommt keiner vorbei.* Frankfurt, Campus Verlag

Panse & Stegemann (2006): *Angst. Macht. Erfolg.* München, Volk Verlag

Lempart, Horst (2015): *Ich habe es doch nur gut gemeint. Die narzisstische Kränkung in Coaching & Beratung.* Paderborn, Junfermann-Verlag

Koch, Richard (2015): *Das 80/20 Prinzip.* Frankfurt, Campus Verlag

Nadolny, Sten (2014): *Die Entdeckung der Langsamkeit.* München. Piper-Verlag

Schmidt, Barbara (2015): *Erfolgreich führen mit innerer Macht – Machtspiele umwandeln.* Berlin. Springer-Verlag

Sigi, Thomas (2012): *Die Generation Y ändert die Unternehmen.* Spiegel online. http://www.spiegel.de/karriere/berufsstart/generation-y-audi-personalvorstand-thomas-sigi-im-interview-a-848764.html

Ihre Gedanken:

18154593R00087

Printed in Poland
by Amazon Fulfillment
Poland Sp. z o.o., Wrocław